c) Kurzfristige Ergebnisrechnung

Die Ermittlung des Periodenerfolges mit Hilfe der Gewinn- und Verlustrechnung ist als Information für die Unternehmungsführung nicht ausreichend,

- weil die Erfolgsentwicklung innerhalb der jährlichen Abrechnungsperiode in kurzen Zeitabschnitten, meist monatlich, verfolgt werden soll, um aktuelle Unterlagen zum Zwecke der Unternehmungssteuerung zu erhalten;
- weil die Entwicklung des Periodenerfolges nach den Quellen analysiert werden soll: ob der Periodenerfolg aus betrieblichen, betriebsfremden oder außerordentlichen Quellen stammt. Dabei richtet die Kosten- und Leistungsrechnung ihr Augenmerk auf die betrieblichen Quellen, d. h. sie informiert nur über das **Betriebsergebnis** und dessen Komponenten;
- weil die Beiträge der einzelnen Produktgruppen oder einzelner Leistungsbereiche zum Betriebsergebnis festgestellt werden sollen, während die Gewinn- und Verlustrechnung eine Zuordnung der Kosten zu einzelnen Leistungen nicht gestattet.

d) Grundlage dispositiver Entscheidungen

Die Kosten- und Leistungsrechnung dient im Gegensatz zur (langfristigen) Investitionsrechnung als kurzfristige Rechnung für dispositive Entscheidungen in der Unternehmung. Die betrieblichen Kapazitäten werden als gegeben vorausgesetzt.

Die dispositiven Entscheidungen können sich beispielsweise beziehen auf

- die **Artikel- und Sortimentspolitik** (sollen neue Artikel in das Sortiment aufgenommen werden, alte Artikel absatzpolitisch gefördert, eingeschränkt oder eliminiert werden?),
- die **Verfahrenswahl** zwischen alternativen Herstellungsverfahren oder auf „make-or-buy"-Entscheidungen (Eigenerstellung oder Fremdbezug).

Über die Bedeutung dieser allgemeinen Aufgaben der Kosten- und Leistungsrechnung gibt es in Praxis und Theorie einen Meinungswandel. Ältere Verfahren der Kosten- und Leistungsrechnung stellten die Dokumentationsaufgabe der richtigen Kostenerfassung und -zuteilung in den Mittelpunkt (Istkostenrechnung). Weiterentwicklungen betonten die Bedeutung der Kostenkontrolle (Normal- und Plankostenrechnung).

Neuere Verfahren halten die dispositiven Aufgaben der Kosten- und Leistungsrechnung und die kurzfristige Ergebnisrechnung für vorrangig (Verfahren der Teilkosten- bzw. Deckungsbeitragsrechnung).

Um die obigen Aufgaben erfüllen zu können, muß die Kosten- und Leistungsrechnung folgenden **Hauptanforderungen** Rechnung tragen:

- Genauigkeit
- Einfachheit und Klarheit
- Aktualität
- Wirtschaftlichkeit

Da die Kosten- und Leistungsrechnung maßgebend zur Wirtschaftlichkeit des Betriebsprozesses beitragen soll, ist sie selbst ebenfalls nach Wirtschaftlichkeitskriterien zu gestalten: Größere Genauigkeit durch zusätzliche Detailinformationen muß in einem angemessenen Verhältnis zum Nutzungswert dieser Zusatzinformationen stehen. Scheingenauigkeiten müssen verhindert werden.

2. Besonderheiten der Kosten- und Leistungsrechnung im Handel

Die Grundlagen der Kosten- und Leistungsrechnung sind für Industriebetriebe gelegt worden. Insbesondere die Fertigung wird dort kostenrechnerisch detailliert behandelt.

Der andersartige Leistungsprozeß im Handelsbetrieb hat vielfach Auffassungen begünstigt, die eine Anwendbarkeit der Kosten- und Leistungsrechnung für Handelsbetriebe in Frage stellen.

a) Betriebsvergleich anstelle der Kosten- und Leistungsrechnung

Häufig dient im Handel der Betriebsvergleich mit seinen Leistungs- und Strukturkennzahlen als weitgehender Ersatz für eine ausgebaute Kosten- und Leistungsrechnung. Als klassische Leistungskennzahlen gelten beispielsweise

- Personalleistung (Umsatz je beschäftigte Person),
- Raumleistung (Umsatz je m^2 Verkaufsfläche bzw. Geschäftsfläche),
- Kassenleistung (Umsatz je Kasse).

Die Aussagefähigkeit der Kennzahlen kann verbessert werden, wenn anstelle des Umsatzes der jeweilige Brutto- bzw. Rohertrag (Umsatz – Wareneinstandskosten) angesetzt wird.

Bei zeitlichen Betriebsvergleichen sind flächenbereinigte Werte zu ermitteln.

Kosten- und Leistungsrechnung im Handel

Von Prof. Dr. Hartmund Barth

Inhaltsverzeichnis

A. Grundlagen der Kosten- und Leistungsrechnung im Handel

Der Leser wird in der Grundstufe bereits einige wesentliche Zusammenhänge der Kosten- und Leistungsrechnung kennengelernt haben. Der hier vorliegende Text für die Aufbaustufe wird deshalb die notwendigen Grundkenntnisse weitgehend voraussetzen und diese lediglich als Wiederholung für den Leser im Stoffzusammenhang jeweils kurz rekapitulieren.

I. Aufgaben der Kosten- und Leistungsrechnung im Handel

Lernziel:

> Häufig wird in der Praxis behauptet, die Kosten- und Leistungsrechnung sei für Industriebetriebe geschaffen worden und deshalb auch nur dort anwendbar; der Handel mit seinen völlig andersartigen Betriebsbedingungen könne von den Kostenrechnungsverfahren nicht profitieren.
>
> Nach Durcharbeiten dieses Abschnittes sollen Sie in der Lage sein, die Notwendigkeit der Kosten- und Leistungsrechnung für einen Handelsbetrieb dem Nichtfachmann begründen zu können.

1. Allgemeine Aufgaben der Kosten- und Leistungsrechnung

Unabhängig von der Branche, zu der ein Betrieb gehört, hat die Kosten- und Leistungsrechnung verschiedene Aufgaben zu erfüllen:

a) Kostenerfassung und -zuteilung auf Produkte

Die Kosten- und Leistungsrechnung soll die in einer bestimmten Abrechnungsperiode angefallenen Kosten erfassen und feststellen, welche Produkte bzw. Kostenträger in welcher Höhe die entstandenen Kosten verursacht haben. Die Kosten- und Leistungsrechnung soll die **Grundlage für die Kalkulation** der Produkte liefern. Dabei kann es sich sowohl um eine **Vorkalkulation** als Unterlage für die Preisfindung von Produkten handeln als auch um eine **Nachkalkulation**, mit deren Hilfe überprüft wird, ob die festgelegten Kalkulationssätze die tatsächlich von den Produkten verursachten Kosten abdecken.

b) Kostenkontrolle

Die Kosten- und Leistungsrechnung liefert Informationen über das Kostengebaren in der Unternehmung. Als Methoden der Kostenkontrolle können eingesetzt werden:

- der **zeitliche Kostenvergleich**: die Kostenentwicklung einer Kostenstelle wird über mehrere Abrechnungsperioden verglichen.

Beispiel:

Kostenstelle Fuhrpark

Jahr	1	2	Änderung
Kosten (in 1000 DM) p. a.	146	139	+ 7

- der **bereichsmäßige Kostenvergleich**: die Kosten mehrerer Kostenbereiche (Kostenstellen) werden innerhalb einer Abrechnungsperiode miteinander verglichen.

Beispiel:

Kostenstellen	Damen-Oberbekleidung	Herren-kleidung	Differenz - Haka/DOB
Kosten (in 1000 DM) p. a.	465	395	+ 70

- der **Plan-Ist-Vergleich**: die Ist-Kosten einer Kostenstelle werden mit den im Rahmen der Unternehmensplanung vorgegebenen Kosten dieser Kostenstelle verglichen.

Beispiel:

Kostenstelle Fuhrpark	Plan 1985	Ist 1985	Plan-Ist-Abweichung
Kosten (in 1000 DM) p. a.	135	139	./. 4

Anmerkung:
Obwohl die Ist-Kosten um 4000 DM über Plan liegen, wird eine Abweichung von ./. 4000 DM ausgewiesen. Der Grund besteht darin, daß die Abweichungen die Auswirkungen auf das Betriebsergebnis zeigen sollen, d. h. eine Planüberschreitung im Kostenbereich hat negative Auswirkungen auf das Planergebnis.

In einem Handelsbetrieb mit einer Anzahl von Filialen sind deshalb die Zahlenangaben für zwischenzeitlich geschlossene bzw. eröffnete Filialen aus den Gesamtangaben für den Handelsbetrieb zu eliminieren (vgl. Beispiel eines Lebensmittel-Filialisten).

Beispiel: Lebensmittel-Filialist

		1988	1989
	Geschäftsjahr:	1988	1989
(1)	Gesamtumsatz (in 1 000 DM)	32 961	46 961
(2)	Verkaufsfläche (m^2)	3 052	4 440
(3)	Raumleistung, unbereinigt (DM/m^2) (1) : (2)	10 800	10 673
	1985 geschlossene bzw. 1985 eröffneten Filialen mit		
(4)	Umsatz (1000 DM)	2 628	16 036
(5)	Verkaufsfläche (m^2)	250	1 638
	Vergleichbare (bereinigte) Werte:		
(6)	Gesamtumsatz (1 000 DM) (1) – (4)	30 333	30 925
(7)	Verkaufsfläche (m^2) (2) – (5)	2 802	2 802
(8)	Raumleistung bereinigt (DM/m^2) (6) : (7)	10 825	11 037

Die unbereinigte Raumleistung weist im Beispiel gegenüber dem Vorjahr eine sinkende Tendenz auf (– 127 DM/m^2 (Zeile 3)). Effektiv ist die Raumleistung der bestehenden Filialen jedoch verbessert worden (+ 212 DM/m^2 (Zeile 8)).

Der Unterschied zwischen bereinigter und unbereinigter Leistungskennzahl ist darauf zurückzuführen, daß eine unrentabel gewordene kleinere Filiale 1988 geschlossen wurde, während 1989 drei größere Filialen eröffnet wurden. Die neueröffneten Supermärkte erbringen zwar eine unterdurchschnittliche Raumleistung, sie besitzen jedoch im Personalbereich die größeren Rationalisierungsreserven. Aus diesem Grunde sollte neben dem zeitlichen Vergleich der Raumleistung vom Betriebswirt zusätzlich ein Zeitvergleich der Personalleistung durchgeführt werden.

Die Bedeutung von Betriebsvergleichen als Kontroll- und Steuerungsinstrument wird unterschiedlich beurteilt. Nachfolgend soll anhand einer Reihe von Besonderheiten gezeigt werden, daß auch im Handelsbetrieb der Kosten- und Leistungsrechnung bedeutsame Aufgaben zukommen, so daß der Betriebsvergleich sie nicht ersetzen, sondern nur ergänzen kann.

b) Vielfalt des Sortiments

Im Vergleich zur Industrie verläuft der Betriebsprozeß im Handelsbetrieb auf den ersten Blick einfacher. Die Kostenrechnung ist dadurch geprägt, daß abgesehen von etwaigen Manipulationen (Sortieren, Umfüllen, Etikettieren usw.) die Handelsware unbearbeitet weiterveräußert wird. Der für Industriebetriebe bedeutsame **Block der Fertigungskosten entfällt** somit weitgehend. Statt dessen kann der Handelsbetrieb sortimentsmäßig so vielgestaltig sein, daß er seinem Rechnungswesen zwar andersartige, aber nicht weniger schwierige Probleme aufgibt als der Industriebetrieb.

c) Kostenverbundenheit

Das vielgestaltige Sortiment bedingt häufig verschiedenartige Leistungen des Handelsbetriebes, die von ein und demselben Leistungsapparat hervorgebracht werden. Es besteht wegen der Kostenverbundenheit im Handel die Schwierigkeit, die Kosten dieses Leistungsapparates auf einzelne Produkte zuzurechnen, wie es in der Industrie üblich ist. Deshalb neigt man im Handel teilweise dazu, nur die Umsätze oder Bruttoerträge für die einzelnen Artikel zu ermitteln.

In der **Umsatzanalyse** werden die wert- oder mengenmäßigen Umsätze der einzelnen Artikel periodenweise (z. B. wöchentlich) ermittelt und zu Kennzahlen verarbeitet (Artikelumsatz in % vom Gesamtumsatz, Artikelumsatz/m^2 Verkaufsfläche usw.).

In der **Bruttoertragsanalyse** werden neben den Umsätzen die Einstandskosten der Artikel berücksichtigt und analog zur Umsatzanalyse zu Leistungskennzahlen verarbeitet. Nachteilig ist es, daß mit Hilfe der Umsatz- und der Bruttoertragsanalyse Verlustartikel im Sortiment nicht ermittelt werden können, da die von den Artikeln unmittelbar verursachten Kosten von den Bruttoerträgen nicht abgezogen werden.

Die genannten Schwierigkeiten der Kostenrechnung entstehen jedoch nur im System der Vollkostenrechnung, da hier sämtliche angefallenen Kosten auf die einzelnen Artikel als Kostenträger verteilt werden. Demgegenüber kann **im Handel einfacher das System der Teilkostenrechnung** (Deckungsbeitragsrechnung) Verwendung finden, da hier nur angestrebt wird, einem Artikel die direkt zurechenbaren Kosten anzulasten.

Auf die Anwendungsmöglichkeiten verschiedener Kostenrechnungsverfahren im Handel wird später ausführlich eingegangen.

d) Erlösverbundenheit

Neben der Kostenverbundenheit besteht durch das Sortiment auch eine Erlösverbundenheit der Artikel im Handel. Wird ein Verlustartikel aus dem Sortiment gestrichen, können wegen der häufig auftretenden **Verbundeffekte** andere, vielleicht ertragsstarke Artikel von der Sortimentsbereinigung negativ beeinflußt werden.

Anstelle der isolierten Beurteilung eines Artikels ist im Handel zu analysieren, ob die betreffenden Kunden, die den Verlustartikel kaufen, oder einzelne Großaufträge insgesamt einen positiven Bruttoertrag oder Deckungsbeitrag erbringen. Dadurch kann der Erlösverbundenheit im Sortiment Rechnung getragen werden.

e) Kalkulationsgepflogenheiten

Die Verbundeffekte sind auch eine Ursache dafür, daß eine **kostenorientierte Kalkulation in der Handelspraxis wenig bekannt** ist. Das Sortiment als Ganzes, nicht einzelne Artikel sind Gegenstand der Preispolitik eines Handelsbetriebes. Daraus folgt die Praxis der **Mischkalkulation**. Weitere Gründe, die gegen eine kostengerechte Kalkulation im Handel sprechen:

- Der starke Konkurrenzdruck und die für Kunden bestehende Markttransparenz erfordern eine marktorientierte Kalkulation. Die Marktpreise basieren wiederum auf den traditionellen Gepflogenheiten der Mischkalkulation. An die Stelle des Kostenverursachungsprinzips der Industrie tritt im Handel ausgeprägt das **Kostentragfähigkeitsprinzip**. Die Problemstellung kehrt sich um: während in der Industrie gefragt wird, welche Preise bei gegebenen Kosten verlangt werden müssen, lautet die Fragestellung im Handel häufig, in welcher Höhe Kosten bei gegebenem Preis von einem Produkt getragen werden können.
- Das Tragfähigkeitsprinzip führt dazu, daß im Handel anfallende Kosten nach Umsatzhöhe oder Höhe der Bruttoerträge verrechnet werden (z. B. die Kosten für Geschäftsräume, wie Miete, Instandhaltung, Energie usw.). Dadurch wird die Preisbildung vereinfacht, eine kostengerechte Kalkulation jedoch nicht erreicht.
- Neben das Tragfähigkeitsprinzip tritt zusätzlich das **Durchschnittsprinzip**. Sofern der Markt eine Preisdifferenzierung nicht zuläßt, bietet der Handel allen Abnehmern die einzelnen Produkte zu gleichen Absatzpreisen an, auch wenn von verschiedenen Kunden verschieden hohe Kosten verursacht werden (z. B. Transportkosten im Großhandel bei unterschiedlichen Entfernungen der Kunden).
- Die im Einzelhandel lange Zeit bestehende **Preisbindung für Markenartikel** hat dem Händler für einen bedeutenden Teil seines Sortiments die Notwendigkeit einer kostenorientierten Kalkulation abgenommen: Ein weiterer Grund, der die Verbreitung einer kostengerechten Kalkulation einschränkte.

Obwohl eine marktorientierte Preisfindung für den Handel im allgemeinen durchaus angebracht ist, kann aber auch im Handel prinzipiell nicht auf eine kostenorientierte Kalkulation verzichtet werden. Diese dient der Kalkulationskontrolle, um die Auswirkungen einer vorgenommenen Preisbildung dem Entscheidungsträger transparent zu machen. Gerade um preisbeweglich auf dem Markt handeln zu können, bedarf es einer genauen Kenntnis der eigenen Kosten- und Erlössituation. Zusätzlich können transparente Kalkulationsgrundlagen Anlaß bieten – wegen der angesprochenen Verbundwirkungen im Sortiment –, für Verlustartikel Gegenmaßnahmen zu ergreifen (z. B. durch gezielten Einsatz absatzpolitischer Instrumente).

f) Geringe Steuerbarkeit des Betriebsprozesses

Die Marktorientierung nicht nur in der Preispolitik, sondern in der gesamten Unternehmungspolitik des Handels erklärt die mangelnde Steuerbarkeit der Betriebsprozesse im Handel. In der Industrie ist durch Produktion auf Lager eine weitgehende Steuerbarkeit der Leistungserstellung gegeben; der Absatz („Leistungsverwertung") läßt sich zeitlich von der Produktion trennen. Die handelsbetriebliche Leistungserstellung basiert demgegenüber im wesentlichen auf der Erbringung von Absatzleistungen. Viele dieser handelsbetrieblichen Dienstleistungen (z. B. Verkaufsgespräche) lassen sich nicht lagern: Nachfrageschwankungen schlagen sich unmittelbar als Beschäftigungsschwankungen des Handelsbetriebes nieder. Insbesondere der Einzelhandel ist gezwungen, seine Kapazitäten häufig auf Nachfragespitzen auszurichten. Daraus folgt, daß die Handlungskosten in starkem Maße Fixkostencharakter haben, d. h. als Kosten für die Betriebsbereitschaft anfallen.

Die daraus resultierenden Schwierigkeiten verhindern eine Exaktheit der Kosten- und Leistungsrechnung im Handel, wie sie in der Industrie häufig anzutreffen ist.

Der Handel behilft sich in der Kosten- und Leistungsrechnung häufig mit Vergröberungen nach dem **Durchschnittsprinzip**. Das Durchschnittsprinzip wird somit nicht nur für eine einheitliche Preisfestsetzung, sondern auch aus **innerbetrieblichen Gründen der Vereinfachung** der Kostenrechnung verwendet.

g) Fehlende Trennung der Leistungserstellung vom Absatz

Die Leistungserstellung läßt sich im Handel kaum vom Absatz der Leistungen trennen. Während in der Industrie Rationalisierungsmaßnahmen in der Produktion ohne Auswirkungen auf den Absatzbereich bleiben können, müssen im Handel kostenrechnerisch sinnvolle Maßnahmen häufig auf ihre Effekte hinsichtlich der Käufer überprüft werden.

So kann die Einführung einer einfacheren Geschäftsausstattung zwar zu beachtlichen Kostensenkungen führen, gleichzeitig aber erhebliche negative Folgewirkungen auf die Käufer und damit auf die Leistungsseite des Handelsbetriebes haben.

Fragen:

1. Welchen Aufgaben dient die Kosten- und Leistungsrechnung?
2. Beschreiben Sie zeitliche, bereichsmäßige und Plan-Ist-Kostenvergleiche!
3. Vor welchen besonderen Schwierigkeiten steht der Kostenrechner im Handel?
4. Wie ermitteln Sie flächenbereinigte Leistungskennzahlen im zeitlichen Betriebsvergleich?

II. Begriffe der Kosten- und Leistungsrechnung im Handel

Lernziel:

Die Kosten- und Leistungsrechnung ist ein Teilgebiet des betrieblichen Rechnungswesens. Innerhalb der verschiedenen Teilgebiete wurden Begriffe gebildet, die leicht verwechselt werden können.

Sie sollen in diesem Abschnitt einige wichtige Grundbegriffe der Kosten- und Leistungsrechnung kennenlernen, um die Begriffsinhalte genauer zu verstehen und um die Begriffe treffender anwenden zu können.

1. Abgrenzung der Begriffe „Kosten" und „Leistung"

Es wurde im vorangegangenen Abschnitt bereits darauf hingewiesen, daß eine Aufgabe der Kosten- und Leistungsrechnung darin besteht, das **Betriebsergebnis** für eine Abrechnungsperiode zu ermitteln. Demgegenüber hat die Gewinn- und Verlustrechnung die Aufgabe, sämtliche Aufwendungen und Erträge einer Abrechnungsperiode zu erfassen und als Saldo den Erfolg bzw. das **Gesamtergebnis** zu ermitteln.

Die Begriffe „Kosten" und „Leistung" einerseits sowie „Aufwand" und „Ertrag" andererseits haben gemeinsam,

- daß sie auf eine **bestimmte Abrechnungsperiode** bezogen werden,
- daß sie entweder den **Verbrauch an Werten** in einer Periode (Kosten bzw. Aufwand) oder den **Zuwachs an Werten** in einer Periode (Leistung bzw. Ertrag) ausdrücken sollen.

Als Kurzdefinition ergibt sich daraus :

Kosten und Aufwand sind periodisierter Werteverbrauch, Leistung und Ertrag sind periodisierter Wertezuwachs.

Der Unterschied zwischen beiden Begriffskategorien besteht darin, daß „Aufwand“ und „Ertrag“ auf den gesamten Werteverbrauch und -zuwachs der Periode abstellen, während unter **„Kosten“** und **„Leistung“** nur **betriebsbedingter periodisierter Werteverbrauch** und **Wertezuwachs** zu verstehen ist.

Die Begriffe „Aufwand“ und „Kosten“ überlappen sich ebenso wie die Begriffe „Ertrag“ und „Leistung“.

neutraler Aufwand	betriebsbedingter Aufwand (Zweckaufwand)	
	aufwandsgleiche Kosten (Grundkosten)	Zusatzkosten

Der größte Teil des Aufwandes ist durch den Betriebszweck bedingt und wird deshalb als **Zweckaufwand** bezeichnet.

Er ist identisch mit dem aufwandsgleichen Teil der Kosten, den **Grundkosten.** Daneben sind neutraler Aufwand sowie Zusatzkosten zu unterscheiden.

Neutraler Aufwand kann sein:

- **außerordentlicher Aufwand** (z. B. Wasserschaden im Lager);
- **betriebsfremder Aufwand** (z. B. Spende an das Rote Kreuz);
- **periodenfremder Aufwand** (z. B. Steuernachzahlungen);
- **Gewinn- und Vermögensteuern** von Kapitalgesellschaften (z. B. Körperschaftsteuer, Vermögensteuer), weil in der Kosten- und Leistungsrechnung nur Betriebsteuern (z. B. Grundsteuer, Kfz-Steuer) berücksichtigt werden;
- **bewertungsbedingter neutraler Aufwand**

  Beispiel:

bilanzielle Abschreibungen:	500 000 DM
kalkulatorische Abschreibungen:	450 000 DM
Zweckaufwand = Grundkosten:	450 000 DM
bewertungsbedingter neutraler Aufwand:	50 000 DM

Umgekehrt werden in der KLR **Zusatzkosten** erfaßt, die in der GuV nicht zu berücksichtigen sind. Hierbei handelt es sich um:

- **kalkulatorische Kosten** in Einzelfirmen oder Personengesellschaften, denen keine Aufwendungen gegenüberstehen (z. B. kalkulatorischer Unternehmerlohn, kalkulatorische Miete);
- **bewertungsbedingte Zusatzkosten**

Beispiel:

kalkulatorische Zinsen:	900 000 DM
Zinsaufwand:	700 000 DM
Zweckaufwand = Grundkosten:	700 000 DM
bewertungsbedingte Zusatzkosten:	200 000 DM

Gleiche Unterscheidungen gelten für die Begriffe „**Ertrag**" und „**Leistung**".

2. Waren- und Handlungskosten

Im Handel werden zwei Hauptgruppen von Kosten unterschieden:

- die Warenkosten,
- die Handlungskosten.

Beispiel:

	Gesamtergebnis (Periodenerfolg) gemäß GuV-Rechnung:	575 000 DM
+	Neutraler Aufwand:	976 000 DM
–	Neutraler Ertrag:	683 000 DM
–	Zusatzkosten:	109 000 DM
=	Betriebsergebnis gemäß Kosten- und Leistungsrechnung:	

Eventuelle **Zusatzleistungen** würden das Betriebsergebnis verbessern. Dabei handelt es sich um unentgeltlich abgegebene Betriebsleistungen oder um selbstgeschaffene immaterielle Vermögenswerte (z. B. Patente), die im Jahresabschluß nicht aktivierungsfähig sind.

a) Warenkosten

Unter Warenkosten werden der Einkaufspreis der Ware sowie solche Kosten verstanden, die direkt mit der einzelnen Ware oder mit ihrer Preisbildung zusammenhängen.

aa) Der **Rechnungseinkaufpreis je Stück** ist bei gelieferten Mehr- oder Mindermengen in Höhe der Mengendifferenzen zu korrigieren. Entsprechende Abweichungen zwischen gelieferter Menge und Vertragsmenge (Lieferung „brutto für netto") sind bei bestimmten Waren handelsüblich (z. B. Getreide).

bb) Falls der Lieferant oder ein Dritter die gekaufte Rohware noch manipuliert, d. h. behandelt, bearbeitet, veredelt oder verpackt, sind auch diese **Manipulations- oder Verpackungskosten** in die Warenkosten einzubeziehen. Als Summe ergeben sich die **Substanzkosten** der Ware.

cc) Daneben sind die **Bezugskosten** der Ware zu berücksichtigen, die sich nach den branchenüblichen Lieferungsbedingungen ergeben. Hierzu gehören Transportkosten, Transportversicherungskosten, Zölle und Gefahrtragungskosten (Lieferung „frei Station", fob, cif).

dd) Zusätzlich sind **Finanzkosten** in die Warenkosten einzubeziehen. Das sind beispielsweise Kurssicherungskosten zur Abdeckung von Wechselkursrisiken, aber auch Preisabzüge oder -zuschläge, die sich auf Basis der Zahlungsbedingungen ergeben (Skonti, Rabatte, Mindermengenzuschläge, Mengenvergütungen), jedoch nicht etwaige Zinskosten.

Zur begrifflichen Unterscheidung zu den Einkaufspreisen wird häufig von **Einstandspreisen** gesprochen, wenn sämtliche Warenkosten in die Betrachtung einbezogen werden.

Die Behandlung der Warenkosten in der Kosten- und Leistungsrechnung verursacht methodisch betrachtet keine Schwierigkeiten, da diese Kosten unmittelbar mit den Waren in Beziehung stehen und der Ware im allgemeinen direkt zugerechnet werden können.

b) Handlungskosten

Handlungskosten sind die verbleibenden Kosten des Handelsbetriebes, die durch Ausübung des Betriebsprozesses im Handel entstehen.

aa) Die Handlungskosten werden hervorgerufen bei der Wahrnehmung der verschiedenen **Handelsfunktionen**, die von einer Reihe von Autoren systematisiert worden sind. Hier sei zur Wiederholung – anstelle anderer – auf das Funktionensystem von Seyffert hingewiesen:

1. Überbrückungsfunktionen

    1.1 Raumüberbrückungsfunktion

    1.2 Zeitüberbrückungsfunktionen

    1.3 Preisausgleichsfunktion

    1.4 Kreditfunktion

2. Warenfunktionen

    2.1 Quantitätsfunktion

    2.2 Qualitätsfunktion

    2.3 Sortimentsfunktion

3. Funktionen des Makleramtes

    3.1 Markterschließungsfunktion

    3.2 Interessenwahrungs- und Beratungsfunktion

bb) Die Handlungskosten entstehen bei der Erstellung der Handelsleistungen. Strittig ist, was als **Leistungseinheit im Handel** aufzufassen ist. In der Industrie sind die hergestellten Produkte Leistungseinheiten, die gleichzeitig als Kostenträger mit den von ihnen verursachten Kosten belastet werden.

(1) Sieht man die handelsbetriebliche Leistungserstellung als die Erfüllung obiger Handelsfunktionen an, wären erbrachte **Dienstleistungen als Leistungseinheiten** anzusehen, denen die Kosten zugerechnet werden müßten (z. B. Beschaffungs-, Lagerungs-, Beratungs-, Verkaufsleistungen). Da eine Messung von Dienstleistungen im Handel kaum möglich erscheint, müßte konsequenterweise auf eine Kalkulation für die Waren verzichtet werden.

(2) Praxisgerechter ist es, die **umgesetzte Ware**, die mehrere Leistungsstufen im Handelsbetrieb durchläuft, mit den erbrachten Dienstleistungen in Verbindung zu bringen. Die Kosten- und Leistungsrechnung im Handel verfolgt somit als eines ihrer Ziele zu ermitteln, welche Kosten eine umgesetzte Wareneinheit während des Umsatzprozesses bei der Beanspruchung verschiedener Leistungsbereiche verursacht hat. Die umgesetzte Ware ist in dieser Sichtweise Träger der Handelsleistungen, also **Leistungsträger und Kostenträger** zugleich.

cc) Die Handlungskosten sind – im Gegensatz zu den Warenkosten – den umgesetzten Waren als Kostenträgern nicht vollständig direkt zuzurechnen.

(1) Für die folgende Behandlung von Kostenrechnungsverfahren ist die **Unterscheidung nach der Zurechenbarkeit auf Kostenträger** bedeutsam in

– direkt zurechenbare Handlungskosten **(Handlungseinzelkosten)**, z. B. kalkulatorische Abschreibungen für Tiefkühlregale als Einzelkosten der Tiefkühlkost,

– nicht direkt zurechenbare Handlungskosten **(Handlungsgemeinkosten)**, z. B. die Geschäftsführergehälter.

Ein Hauptproblem der Kosten- und Leistungsrechnung im Handel ist darin zu sehen, daß der größte Teil der Handlungskosten im allgemeinen den Kosten- und Leistungsträgern nicht direkt zurechenbar ist. Dadurch wird vor allem eine genaue Warenkalkulation beträchtlich erschwert.

(2) Als zweites Unterscheidungskriterium dient die **Einteilung nach der Beschäftigungsabhängigkeit** in

– beschäftigungsabhängige Handlungskosten **(variable bzw. proportionale Handlungskosten)**, z. B. Kosten für Aushilfspersonal,

– beschäftigungsunabhängige Handlungskosten **(fixe Handlungskosten)**, z. B. kalkulatorische Abschreibungen auf die Geschäftseinrichtung.

Diese Kostenaufspaltung ist insbesondere für kurzfristige Entscheidungen bedeutsam, in denen für die betrachtete Entscheidungsperiode die Kapazitäten als konstant angesetzt werden müssen, die fixen Kosten deshalb nicht beeinflußbar sind.

Neben den variablen und fixen Kosten kommt einer dritten Kostenkategorie im Handelsbetrieb eine beachtliche Bedeutung zu: den

– **dispositionsabhängigen Handlungskosten.**

Sie variieren zwar nicht mit dem Beschäftigungsgrad bzw. der Kapazitätsauslastung, sind aber keine fixen Kosten, da sie kurzfristig durch Umdisposition abgebaut bzw. erhöht werden können. Beispiele sind Kosten für Werbung und Verkaufsförderung oder Weiterbildungskosten. Diese Kostenkategorie wird auch als „Vorleistungskosten" bezeichnet, da ihr charakteristisches Merkmal darin besteht, Leistungen vor allem für zukünftige Perioden zu erbringen.

Fragen:

5. Grenzen Sie die Begriffe „Ertrag" und „Leistung" voneinander ab!
6. Was sind die Unterschiede zwischen dem Einkaufspreis und dem Einstandspreis einer Ware?
7. Nach welchen Kriterien lassen sich die Handlungskosten einteilen, und welche Kostenkategorien sind hiernach zu unterscheiden?

III. Überblick über die Verfahren der Kosten- und Leistungsrechnung

Lernziel:

Bevor Sie mit Einzelheiten der Kosten- und Leistungsrechnung in den folgenden Kapiteln vertraut gemacht werden, sollen Sie einige Kostenrechnungsverfahren kennenlernen, die teilweise auch als Entwicklungsstufen der Kostenrechnung in Theorie und Praxis verstanden werden können.

Sie sollen am Ende dieses Abschnittes die wesentlichen Unterschiede der genannten Verfahren in Zielsetzung und Inhalt erklären können. Sie sollten in der Lage sein, ein Kostenrechnungssystem, das Sie aus der Praxis kennen, in die Systematik der dargestellten Verfahren einzuordnen.

Über die Bedeutung der anfangs genannten Aufgaben der Kosten- und Leistungsrechnung hat es in der Entwicklung dieses Teilgebiets des betrieblichen Rechnungswesens unterschiedliche Auffassungen gegeben, die auch heute noch teilweise anzutreffen sind. Je nachdem, welche Aufgabe in den Mittelpunkt der Kosten- und Leistungsrechnung gestellt wird, lassen sich verschiedene Kostenrechnungsverfahren unterscheiden.

1. Die Istkostenrechnung

Die Istkostenrechnung ist das älteste Kostenrechnungsverfahren.

> *Es werden in der Istkostenrechnung nur die tatsächlich angefallenen Kosten, d. h. die effektiv verbrauchten Mengen bewertet mit den effektiv gezahlten Preisen erfaßt und zugerechnet.*

Hauptaufgabe der Istkostenrechnung ist somit die Kostenerfassung und -zuteilung auf Produkte, insbesondere zum Zwecke der **Nachkalkulation**, um die tatsächlich von einem Produkt als Kostenträger verursachten Kosten zu erfassen. Daneben soll durch **Vergleich mit der Vorkalkulation** ermittelt werden, ob die gesamten Istkosten in den Kalkulationssätzen berücksichtigt worden sind oder ob für die folgende Abrechnungsperiode geänderte Kostensätze in die Vorkalkulation einzubeziehen sind.

Wegen der erwähnten Schwierigkeiten bei der Verrechnung der Handlungskosten wird die Istkostenrechnung im allgemeinen darauf beschränkt, die effektiven Kosten auf die Kostenbereiche zu verrechnen. Insbesondere dienen die Istkosten als Grundlage für Betriebsvergleiche:

– als innerbetrieblicher Zeitvergleich: z. B. Personalkostenanteil (in % vom Umsatz) Jahr 1 im Vergleich zu Jahr 2
– als zwischenbetrieblicher Vergleich: z. B. Raumkostenanteil (in % vom Umsatz) Betrieb A Jahr 1 im Vergleich zu Betrieb B Jahr 1.

Nachteilig für die Aussagefähigkeit der Istkostenrechnung ist es, daß Zufallsschwankungen in der Kostenentwicklung (z. B. durch Betriebsunterbrechungen, Schwankungen von Einstandspreisen) nicht eliminiert werden.

2. Die Normalkostenrechnung

Als Fortentwicklung der Istkostenrechnung soll die Normalkostenrechnung vor allem zur Vereinfachung der Kosten- und Leistungsrechnung beitragen.

Kennzeichen der Normalkostenrechnung ist das Rechnen mit festen Verrechnungspreisen für den Wareneinsatz, die Ermittlung von festen Verrechnungssätzen bei der Kostenzurechnung auf die Kostenbereiche (Kostenstellen) sowie die Ermittlung fester Kalkulationssätze für die Kostenträger.

Die festen Verrechnungspreise ermöglichen eine erheblich vereinfachte Erfassung der Wareneinsatzkosten, die in der Istkostenrechnung von jeder Beschaffungspreisänderung beeinflußt werden und deshalb die Kostenerfassung erschweren. Besonders schwerfällig ist die Istkostenrechnung wegen der ständigen Neuberechnung der verrechneten Kosten und Kalkulationssätze, die in der Normalkostenrechnung als **Durchschnittswerte aus den Istkosten vergangener Abrechnungsperioden** ermittelt werden. Diese Normalkostensätze werden für eine Abrechnungsperiode konstant gehalten, wodurch Preisschwankungen ohne Einfluß auf die verrechneten Kosten bleiben.

Da die verrechneten Normalkosten in der Regel von den Istkosten abweichen, entstehen in den Kostenbereichen Kostenabweichungen, die als Über- bzw. Unterdeckung bezeichnet werden:

Überdeckung = verrechnete Normalkosten > Istkosten
Unterdeckung = verrechnete Normalkosten < Istkosten

Beispiel:

Es werden aufgrund ermittelter Durchschnittswerte aus der Vergangenheit für die Kostenstelle „Fuhrpark" 489 000 DM als Normalkosten verrechnet. Effektiv hat der Fuhrpark Kosten in Höhe von 512 000 DM verursacht. Es wurden demnach Kosten in Höhe von 23 000 DM zu wenig verrechnet (Unterdeckung = 23 000 DM in der Kostenstelle Fuhrpark).

Neben einer einfachen Kostenerfassung und -verrechnung soll die Normalkostenrechnung die Aufgabe der Kostenkontrolle erfüllen. Die ermittelten Über- bzw. Unterdeckungen sagen jedoch wenig aus über das Kostenverhalten der verantwortlichen Kostenstellen-Leiter. Unterdeckungen müssen nicht zwangsläufig auf Unwirtschaftlichkeiten zurückzuführen sein; sie können ihre Ursache auch in fehlerhaft ermittelten Normalkostensätzen haben. Diese festen Verrechnungssätze werden nicht auf der Basis exakter Wirtschaftlichkeitsanalysen ermittelt, sondern als Durchschnittswerte aus der Vergangenheit. Kosteneinflußfaktoren der Vergangenheit können sich aber in der Zwischenzeit grundlegend für die betrachtete Kostenstelle verändert haben, so daß die Normalkosten nicht als Maßstab an die Istkosten angelegt werden können.

Ebenso verlieren Überdeckungen als positive Kostenabweichungen an Aussagegehalt für die Kostenkontrolle. Neben den genannten Änderungen der Kosteneinflußfaktoren kann nämlich hinzukommen, daß in der Vergangenheit in einer betrachteten Kostenstelle wenig kostenbewußt gearbeitet wurde. In der Normalkostenrechnung besteht deshalb die Gefahr, daß „alter Schlendrian" mit „neuem Schlendrian" verglichen wird.

Da dem Durchschnittsprinzip bei der Kosten- und Leistungsverrechnung aus Gründen der Vereinfachung im Handel beachtliche Bedeutung zukommt, hat die Normalkostenrechnung weite Verbreitung in der Praxis gefunden. Dabei werden als Normalkosten häufig auch die **Durchschnittswerte aus Betriebsvergleichen** ähnlicher Handelsbetriebe herangezogen. Stärkere Aussagekraft für Kostenkontrollen gewinnen Normalkosten dann, wenn in die Durchschnittswertermittlung korrigierend aktuelle Kosteneinflußfaktoren einbezogen werden **(aktualisierte Durchschnittswerte).** Damit wird der Übergang zur Plankostenrechnung fließend.

3. Die Plankostenrechnung

Während sowohl die Ist- als auch die Normalkostenrechnung Datenmaterial aus der Vergangenheit verwendet, werden die Mengen- und Wertgrößen in der Plankostenrechnung bewußt geplant.

> *Kennzeichen der Plankostenrechnung ist es, daß sie als Bestandteil der Unternehmungsplanung alle Kostensätze weitgehend unabhängig von früheren Entwicklungen im Hinblick auf deren voraussichtliche zukünftige Entwicklungen genau untersucht.*

Die ermittelten Plankosten haben für die Kostenbereiche **Vorgabecharakter.** Im Gegensatz zur Ist- oder Normalkostenrechnung kann mit Hilfe von Plankosten eine aussagekräftige Kostenkontrolle vorgenommen werden, indem durch Vergleich der Istkosten mit den Plankosten Plan-Ist-Abweichungen ermittelt werden.

Die Abweichungen sind auf ihre Ursachen hin zu untersuchen.

Beispiel:

In der Kostenstelle „Fuhrpark" übersteigen die tatsächlichen Kosten je gefahrenen Kilometer beträchtlich die geplanten Kosten.

Mögliche 1. Ursache: Die Planbeschäftigung wurde unterschritten, d. h. die Fahrzeuge fuhren insgesamt in der Abrechnungsperiode weniger Kilometer.

Die fixen Fuhrparkkosten (z. B. zeitliche Abschreibungen auf die LKW) konnten nicht abgebaut werden, da sie beschäftigungsunabhängig sind. Diese Kostenabweichungen heißen **Beschäftigungsabweichungen** und sind vom Kostenstellenleiter nicht zu verantworten, da er auf die Einhaltung der Planbeschäftigung im allgemeinen keinen Einfluß hat.

Mögliche 2. Ursache: Es wurden mehr Betriebsmittel (Benzin, Öl) oder mehr Personalstunden (Löhne) verbraucht als geplant. Diese Kostenabweichungen heißen **Verbrauchsabweichungen** und sind vom Kostenstellenleiter zu verantworten, da er auf die Einhaltung der geplanten Verbrauchsmengen Einfluß nehmen kann.

Mögliche 3. Ursache: Es liegt ein Planungsfehler bei der Festlegung der Plankosten vor. Die Umstellung auf leistungs- und kostenintensivere Fahrzeuge wurde beispielsweise nicht eingeplant. Basieren die Planwerte auf Angaben des Kostenstellenleiters, trägt er für den Planungsfehler die Verantwortung.

Die Plankostenrechnung eignet sich erheblich besser als die Normalkostenrechnung zur **Kostenkontrolle,**

- da die Plankosten im Gegensatz zu den Normalkosten als Maßstab der Wirtschaftlichkeit dienen können,
- da die Kostenabweichungen in der Plankostenrechnung nach ihren Ursachen getrennt werden können.

4. Die Teilkostenrechnung (Deckungsbeitragsrechnung)

a) Die Teilkostenrechnung in der Systematik der Kostenrechnungsverfahren

Es wurden vorstehend drei **Kostenrechnungsverfahren nach der gewählten Bewertung der Kostengüter** unterschieden:

- die effektiv in der Vergangenheit angefallenen Kosten werden angesetzt **(Istkostenrechnung),**
- die effektiv in der Vergangenheit angefallenen Kosten werden nach ihrer durchschnittlichen Entwicklung angesetzt **(Normalkostenrechnung),**
- die zukünftig geplanten Kosten werden angesetzt **(Plankostenrechnung).**

Daneben werden **nach dem Umfang der Kostenzurechnung auf die Kostenträger** zwei Kostenrechnungsverfahren unterschieden:

- die geplanten oder effektiven Kosten werden vollständig den Kostenträgern zugerechnet **(Vollkostenrechnung),**
- von den geplanten oder effektiven Kosten werden nur diejenigen Teile den Kostenträgern zugerechnet, die von ihnen direkt verursacht worden sind **(Teilkostenrechnung).**

Die beiden genannten Unterscheidungskriterien überschneiden sich. Das bedeutet, daß eine Vollkostenrechnung als Ist-, Normal- oder Plankostenrechnung auftreten kann oder sogar alle drei Verfahren umfassen kann.

Umgekehrt kann die Plankostenrechnung sowohl auf Vollkosten-Basis als auch auf Teilkosten-Basis Anwendung finden.

b) Zielsetzung der Teilkostenrechnung

Das Problem der Vollkostenrechnung entspringt ihrem eigenen Anspruch, alle Kosten verursachungsgerecht auf die Kostenträger zurechnen zu können. Um diesen Anspruch zu erfüllen, muß sie rechnungstechnische Hilfskonstruktionen verwenden, d. h., alle nicht direkt zurechenbaren Kosten werden mit Hilfe von Schlüsselgrößen verrechnet.

Die Teilkostenrechnung erkennt statt dessen, daß eine verursachungsgerechte Schlüsselung indirekter Kosten eine Fiktion ist.

> *Die Teilkostenrechnung spaltet die Gesamtkosten in direkt und nicht direkt zurechenbare Kosten auf und verrechnet nur die direkten Kosten.*

Die Differenz zwischen den Umsatzerlösen (Leistung) und den direkten Kosten ist der **Deckungsbeitrag** des Kosten- und Leistungsträgers. Die Summe der Deckungsbeiträge soll die verbleibenden indirekten Kosten und den Gewinn abdecken.

Die Teilkostenrechnung wird auch als Deckungsbeitragsrechnung bezeichnet.

Beispiel einer Ergebnisrechnung auf Teilkosten-Basis

Umsatzerlöse Damen-Oberbekleidung	=	950 000 DM
./. direkte Kosten	=	600 000 DM
= Deckungsbeitrag DOB	=	350 000 DM
+ Deckungsbeitrag Herrenkleidung	=	200 000 DM
+ Deckungsbeitrag Kinderkleidung	=	150 000 DM
+ Deckungsbeitrag Trikotagen u. Sportkleidung	=	190 000 DM
= Summe der Deckungsbeiträge	=	890 000 DM
./. indirekte Kosten	=	700 000 DM
= Betriebsergebnis	=	190 000 DM

Die Teilkostenrechnung verfolgt das Ziel, ein kurzfristiges Ergebnis für die einzelnen Bereiche der Unternehmung sowie für die Gesamtunternehmung zu ermitteln. Der **Deckungsbeitrag** als Teilkostenerfolg wird als **Ergebnismaßstab für die Verantwortungsbereiche** verwendet, sofern die Bereichsleiter die vollen Einflußmöglichkeiten auf die Entwicklung der Umsätze und der direkten Kosten ihrer Bereiche besitzen. Daneben dient die Teilkostenrechnung mit den jeweiligen Deckungsbeiträgen als **Grundlage kurzfristiger Entscheidungen.** Die Umsätze sowie die direkten Kosten, d. h. die Deckungsbeiträge als

Differenz, sind kurzfristig beeinflußbar. Entscheidungsträger können mit Hilfe der Deckungsbeiträge die Auswirkungen kurzfristiger Entscheidungen ermitteln. Kurzfristig sind deshalb nur die direkten Kosten entscheidungsrelevant. Die indirekten Kosten sind in kurzfristiger Betrachtung nicht entscheidungsrelevant und werden in der amerikanischen Literatur als „sunk costs" bezeichnet.

Demgegenüber kann die Vollkostenrechnung keine relevanten Unterlagen für dispositive Entscheidungen liefern, da sie sämtliche Kosten den Kosten- und Leistungsträgern zurechnet und dadurch eine Proportionalität zwischen Leistungserstellung und den gesamten Kosten vortäuscht, die tatsächlich nur für die direkten Kosten gegeben ist. Die Verwendung von Unterlagen der Vollkostenrechnung für kurzfristige Entscheidungen kann deshalb zu Fehlentscheidungen führen.

Je nach Aufspaltung der Gesamtkosten in direkte und indirekte Kosten werden einzelne Verfahren der Teilkostenrechnung unterschieden, auf deren Anwendungsmöglichkeiten im Handel später eingegangen wird.

Fragen:

8. Welches sind die wesentlichen Kennzeichen der Ist-, Normal- und Plankostenrechnung?
9. Wodurch unterscheiden sich Voll- und Teilkostenrechnung?
10. Wie ist eine Ergebnisrechnung auf Teilkosten-Basis im allgemeinen aufgebaut?

B. Betriebsabrechnung im Handel als Vollkostenrechnung

Die Betriebsabrechnung mit ihren drei Teilgebieten

- Kostenartenrechnung,
- Kostenstellenrechnung,
- Kalkulation (Kostenträgerstückrechnung)

ist als ursprünglicher Kern einer jeden Kostenrechnung anzusehen. In den Kostenrechnungsgrundsätzen aus dem Jahre 1939 wurde dementsprechend die Erfassung und Gliederung der Kosten nach

- Kostenarten,
- Kostenstellen,
- Kostenträgern

als Ziel der Kostenrechnung bezeichnet.

Die Anwendung dieser Gebiete der Betriebsabrechnung im Handel wird im folgenden Kapitel behandelt, wobei auf einzelne Kalkulationsverfahren wegen ihrer Bedeutung für den Handel gesondert eingegangen wird.

I. Kostenartenrechnung

Lernziel:

> Sie sollen in diesem Abschnitt lernen, welche Aufgaben in der Kostenartenrechnung zu erfüllen sind.
>
> Nach Durcharbeiten dieses Abschnittes sollten Sie die Gesamtkosten nach verschiedenen Kriterien in Kostenartengruppen einteilen können, um je nach betrieblichen Gegebenheiten die Voraussetzung für eine aussagekräftige Kosten- und Leistungsrechnung schaffen zu können.
>
> Daneben sollen Sie lernen, wie die kalkulatorischen Kosten ermittelt werden können.

1. Aufgaben der Kostenartenrechnung

Die Kostenartenrechnung dient der Erfassung aller Kosten, die im Betriebsprozeß bei der Erstellung der Handelsleistungen in einer Abrechnungsperiode entstehen.

Die Erfassung der Kosten ist Voraussetzung für die nachfolgende Kostenstellen- und Kostenträgerrechnung. Unabhängig davon, ob nur die direkten Kosten oder sämtliche Kosten auf Kostenstellen oder Kostenträger zugerechnet werden, ist die Kostenartenrechnung gewissermaßen immer Vollkostenrechnung, da sie eine vollständige Kostenerfassung zur Aufgabe hat.

Im einzelnen sind folgende **Teilaufgaben der Kostenartenrechnung** zu unterscheiden:

- Erfassung der verbrauchten Menge an Produktionsfaktoren,
- Bewertung der Verbrauchsmengen mit den Preisen der Produktionsfaktoren,
- Einteilung (Gliederung) der Gesamtkosten nach Kostenarten,
- Angabe der weiteren Verrechnung der ermittelten Kostenbeträge je Kostenart.

Eine zweckentsprechende Gliederung der Gesamtkosten nach Kostenarten verbessert die Aussagefähigkeit der gesamten Kostenrechnung.

2. Gliederungskriterien für die Kostenarten

Die Einteilung der gesamten Kosten nach Kostenarten kann nach verschiedenen Einteilungskriterien geschehen.

a) Gliederung nach den verbrauchten Produktionsfaktoren

Die faktororientierte Einteilung der Kostenarten gilt allgemein als wichtigstes Kriterium. Man knüpft an den drei Elementarfaktoren – menschliche Arbeitskraft, Betriebsmittel und Werkstoffe – an und unterscheidet als Kostenartengruppen:

- Personalkosten
- Abschreibungen
- Materialkosten

Wegen ihrer Bedeutung für den Handel werden aus den Materialkosten ausgesondert die

- Warenkosten

und neben die gesamten übrigen Kosten (Handlungskosten) gestellt.

Daneben fallen die Dienstleistungen Dritter an:

- Fremdleistungskosten (z. B. Miete, Rechts- und Beratungskosten, Versicherungskosten, Speditionskosten).

Zusätzlich werden folgende Kostenartengruppen unterschieden:

- Wagniskosten (z. B. für Verderb und Manko),
- Steuern, Gebühren, Beiträge,
- Zinskosten (für das eingesetzte Kapital).

b) Gliederung nach den vorhandenen Kostenstellen

Werden die im Handelsbetrieb vorhandenen Kostenbereiche (Kostenstellen) als Einteilungskriterium gewählt, sind beispielsweise zu unterscheiden:

- Beschaffungskosten,
- Lagerhaltungskosten,
- Manipulationskosten,
- Versandkosten,
- Verwaltungskosten.

Wegen der im allgemeinen auf die Kostenartenrechnung nachfolgenden Kostenstellenrechnung ist eine stellenorientierte Kostenartengliederung entbehrlich. Sie empfiehlt sich gegebenenfalls als Untergliederung der faktororientierten Kostenartengruppen, z. B.

- Personalkosten
  - für Beschaffung
  - für Lagerhaltung
  - für Verkauf
  - für Versand
  - für Verwaltung
- Abschreibungen
  - für Beschaffung
  - für Lagerhaltung

  usw.

Eine entsprechende Kostenartengliederung kommt vor allem für kleinere Handelsbetriebe in Frage, die auf eine gesonderte Kostenstellenrechnung verzichten und diese mit der Kostenartenrechnung kombinieren. Für größere Betriebe würde schnell die Übersichtlichkeit der Kostenrechnung verloren gehen, da eine wachsende Zahl von Kostenarten und Kostenstellen zu einer Aufblähung der Kontenzahl führen würde.

c) Gliederung nach Kostenträgern

Eine trägerorientierte Gliederung wird im Handelsbetrieb wegen der Vielschichtigkeit des Sortiments auf Produktgruppen oder -bereiche bezogen werden. Diese Untergliederung wird in der Regel wie die stellenbezogene Einteilung nur als zweitrangiges Kriterium herangezogen werden, z. B.

- Personalkosten
  - für Produktgruppe Damen-Oberbekleidung
  - für Produktgruppe Herren-Kleidung
  - für Produktgruppe Kinder-Kleidung

- Abschreibungen
  - für Produktgruppe Damen-Oberbekleidung
  - für Produktgruppe Herren-Kleidung
  - für Produktgruppe Kinder-Kleidung

    usw.

Da eine gesonderte Kostenträgerrechnung (Kalkulation) notwendig ist, sollte eine entsprechende Untergliederung möglichst vermieden werden, da die Vielzahl der gebildeten Kostenarten kaum zu einer Verbesserung der Kostenrechnung führt.

d) Gliederung nach der Herkunft der Kostengüter

In der Kostenartenrechnung werden die **Kosten mit außerbetrieblicher Herkunft** erfaßt, d. h. die

- primären Kostenarten.

Diese Kostenarten entstehen durch Verbrauch von Produktionsfaktoren, die auf den jeweiligen Märkten beschafft worden sind (Beschaffungsmärkte, Kapitalmärkte, Personalmärkte), oder aus anderen außerbetrieblichen Gründen (z. B. Steuern).

Daneben besteht in vielen Betrieben ein mehrstufiger Leistungsprozeß. Hilfsstellen erbringen Leistungen für nachgelagerte Hauptstellen. Leistungen der Hilfsstellen sind Kosten für die Hauptstellen. Diese **Kosten der innerbetrieblichen Leistungserstellung** werden bezeichnet als

- sekundäre Kostenarten.

Beispielsweise beschäftigt ein größerer Handelsbetrieb eigene Handwerker. Die Instandsetzungskosten (Personalkosten, Materialkosten) sind für die Hauptkostenstellen, die die handelsbetrieblichen Leistungen erbringen, sekundäre Kosten. Diese sekundären Kosten sind als Gegenstand der innerbetrieblichen Leistungsverrechnung in der Kostenstellenrechnung zu behandeln. Sie treten im Handelsbetrieb vergleichsweise selten auf.

e) Gliederung nach der Ausgabenwirksamkeit der Kosten

Einige Autoren unterscheiden zwischen

- ausgabenwirksamen Kostenarten und
- nicht ausgabenwirksamen Kostenarten

einer Abrechnungsperiode. Damit soll die Verbindung der Kosten- und Leistungsrechnung zur Finanzplanung und Liquiditätskontrolle hergestellt werden.

Analog zur Unterscheidung der Begriffe „Aufwand" und „Kosten" kann auch zwischen den Begriffen „Ausgaben" und „Kosten" getrennt werden:

(1) ausgabenwirksame Kostenarten, d. h. die Kosten entsprechen den Ausgaben (z. B. Warenkosten, Personalkosten),

(2) nicht ausgabenwirksame Kostenarten, z. B.

- kalkulatorische Zinsen auf das Eigenkapital (keine Ausgaben),
- Abschreibungen (Ausgaben in früheren Abrechnungsperioden),
- Rückstellungen (Ausgaben in späteren Abrechnungsperioden).

Eine Gliederung der Kostenarten nach ihrer Ausgabenwirksamkeit sollte keinesfalls in der Kostenstellen- und Kostenträgerrechnung fortgesetzt werden, da Finanzplanung und Liquiditätskontrolle auf die Gesamtunternehmung bezogen werden. Einzelne Kostenstellen oder Kostenträger können nicht illiquide werden.

f) Gliederung nach der Zurechenbarkeit auf Kostenstellen oder Kostenträger

Nach der Zurechenbarkeit auf ein Bezugsobjekt können die Gesamtkosten eingeteilt werden in

- Einzelkosten (sie werden dem Bezugsobjekt direkt zugerechnet),
- Gemeinkosten (sie werden dem Bezugsobjekt nicht direkt zugerechnet).

Diese Einteilung dient weniger der Gliederung nach Kostenarten, sondern soll eine weitere Teilaufgabe der Kostenartenrechnung erleichtern: die Angabe der weiteren Verrechnung der ermittelten Kostenbeträge. Zunächst werden die auf Kosten- und Leistungsträger (z. B. Waren, Warengruppen, Aufträge) direkt zu verrechnenden Kosten erfaßt (**Trägereinzelkosten**). Die jeweiligen Kostenbelege erhalten neben der Kostenarten-Nummer und der Kostenarten-Bezeichnung (je nach gewählter Kostenarten-Gliederung) eine Artikel- oder Auftrags-Nummer, die den Kostenträger kennzeichnet.

Die **Trägergemeinkosten** werden nicht direkt in die Kostenträgerrechnung übernommen, sondern über die Kostenstellenrechnung verrechnet. Nach dem Bezugsobjekt Kostenstelle lassen sich die Trägergemeinkosten in **Stelleneinzelkosten** und **Stellengemeinkosten** unterteilen. Auf Kostenbelegen, die unmittelbar einer Kostenstelle zugeordnet werden können, wird eine Kostenstellen-Nummer vermerkt. Stellengemeinkosten sind demgegenüber auf mehrere Kostenstellen zu verteilen und die anfallenden Kostenbeträge zunächst zu schlüsseln.

Einteilung in Einzel- und Gemeinkosten

– nach Zurechenbarkeit auf Kostenträger:	Trägereinzelkosten	Trägergemeinkosten	
– nach Zurechenbarkeit auf Kostenstellen:		Stellen-einzelkosten	Stellen-gemeinkosten

In der Kostenrechnung gilt der Grundsatz, möglichst viele Kosten als Einzelkosten zu verrechnen, um die Genauigkeit der Kostenrechnung zu verbessern.

Deshalb soll der Kostenrechner bei einzelnen Großaufträgen beispielsweise versuchen, die zusätzlich anfallenden Kosten für Verpackung, Transport oder Provision gesondert zuzurechnen. Sie werden als **Sondereinzelkosten** bezeichnet.

Vielfach ist es allerdings unwirtschaftlich, jeden geringfügigen Kostenbetrag als (Träger-)Einzelkosten zu erfassen. Zur Vereinfachung werden diese Kosten in die Kostenstellenrechnung als (Träger-)Gemeinkosten übernommen und über Schlüsselungen weiterverrechnet. Diese Kosten, die den Charakter von Einzelkosten haben, aber als Gemeinkosten behandelt werden, heißen **unechte Gemeinkosten** (z. B. Kleinmaterial).

g) Gliederung nach der Beschäftigungsabhängigkeit

Die Einteilung der Kosten in

- variable, d. h. beschäftigungsabhängige Kosten und
- fixe, d. h. beschäftigungsunabhängige Kosten

kann in der Kostenartenrechnung unterbleiben. Diese Kostenspaltung wird erst in der Kostenstellenrechnung sinnvoll, da es von den Beschäftigungsmaßstäben der einzelnen Kostenstellen abhängt, ob Kostenarten variabel oder fix sind.

3. Orientierung der Kostenarten-Gliederung an Einheits-Kontenrahmen oder Betriebsvergleichen des Handels

Um eine weitgehende Einheitlichkeit der Kostenarten-Gliederung innerhalb des Handels zu erreichen, wird häufig eine Übernahme des jeweiligen Kontenrahmens des Handels oder eine Übernahme der Kostenarten-Gliederung von Betriebsvergleichen des Handels diskutiert.

Die gebräuchlichen Kontenrahmen des Handels stammen aus den dreißiger Jahren. Der Kontenrahmen für den Groß- und Außenhandel ist nach 50 Jahren 1987 neugestaltet worden. Die Handlungskostenarten werden jetzt – wie üblich – in der Kontenklasse 4 ausgewiesen. Die Warenkosten lassen sich in der Kontenklasse 3 ermitteln, indem die Wareneingänge, Warenbestände und die Warenbestandsveränderungen berücksichtigt werden.

Kontenrahmen für den Einzelhandel		**Kontenrahmen für den Großhandel**	
Konten-gruppe	Kontenbezeichnung	Konten-gruppe	Kontenbezeichnung
40	Personalkosten	40	Personalkosten
41	Miete oder Mietwert	41	Mieten, Pachten, Leasing
42	Sachkosten für Geschäftsräume	42	Steuern, Beiträge, Versicherungen
43	Steuern, Abgaben und Pflichtbeiträge	43	Energie, Betriebsstoffe
44	Sachkosten für Werbung	44	Werbe- und Reisekosten
45	**Sachkosten für Warenabgabe und -zustellung**	45	Provisionen
46	**Zinsen**	46	Kosten der Warenabgabe
47	Abschreibungen	47	Betriebskosten, Instandhaltung
48	Sonstige Geschäftsausgaben	48	Allgemeine Verwaltung
49	Frei für sonstige Einzelkosten	49	Abschreibungen

b) Kostengliederung der Betriebsvergleiche

Die Betriebsvergleiche des Instituts für Handelsforschung (IFH), Köln, lehnen sich offensichtlich an die genannten Rahmenpläne des Groß- und Einzelhandels an. Für Handelsbetriebe, die am Betriebsvergleich ihrer Branche teilnehmen wollen, ist eine entsprechende Einteilung der Kostenarten unerläßlich. Nur bei einheitlicher Definition der Kosten- und Erlöspositionen sind Vergleichsrechnungen zweckmäßig.
Da die einheitlichen Kontenpläne für Betriebsvergleiche zunehmend an Bedeutung gewinnen, wird die Kostenarten-Gliederung des IFH für den Einzel- und Großhandel in der folgenden Übersicht wiedergegeben.

Kostenarten des Einzelhandels	Kostenarten des Großhandels
Personalkosten ohne Unternehmerlohn	Personalkosten ohne Unternehmerlohn und Provisionen
+ Unternehmerlohn	+ Unternehmerlohn
= Personalkosten einschließlich Unternehmerlohn	+ Provisionen = Personalkosten gesamt
Miete oder Mietwert	Raumkosten
Sachkosten für Geschäftsräume	Werbe- und Reisekosten
Kosten für Werbung	Transport- und Verpackungskosten
Gewerbesteuer	Kosten des Fuhr- und Wagenparks
Kraftfahrzeugkosten	Zinsen für Fremdkapital
Zinsen für Fremdkapital	Zinsen für Eigenkapital
Zinsen für Eigenkapital	Abschreibungen
Abschreibungen alle übrigen Kosten	Allgemeine Verwaltungs- und sonstige Kosten

Fragen:

11. Welche Teilaufgaben soll die Kostenartenrechnung erfüllen?
12. Arbeiten Sie den Unterschied zwischen Trägereinzel- und -gemeinkosten sowie Stelleneinzel- und -gemeinkosten heraus, und klären Sie die Begriffe Sondereinzelkosten sowie unechte Gemeinkosten!

4. Erfassung der Kostenarten

Wir gehen davon aus, daß die Kostenarten faktororientiert gegliedert werden und dementsprechend die in Abschnitt 2 a) genannten acht Kostenartengruppen unterschieden werden.

a) Personalkosten

Die Erfassung der Personalkosten ist in der Kosten- und Leistungsrechnung relativ einfach, da es sich zum größten Teil um aufwandsgleiche Kosten (Grundkosten) handelt, die unmittelbar aus der Lohn- und Gehaltsbuchhaltung übernommen werden können. Wegen ihrer Bedeutung für den Handel werden sie im allgemeinen nach Unterarten weiter untergliedert, z. B. in

- Löhne,
- Gehälter,
- Provisionen,
- Prämien,
- gesetzliche Sozialleistungen,
- freiwillige Sozialleistungen,
- Aus- und Weiterbildungskosten,
- kalkulatorischer Unternehmerlohn.

In Einzelfirmen oder Personengesellschaften hat die Kostenrechnung als Entgelt für die Arbeitsleistung des Unternehmers und der mithelfenden Familienangehörigen kalkulatorischen Unternehmerlohn zu berücksichtigen. Die Höhe dieser kalkulatorischen Kostenart soll nicht an den tatsächlichen Privatentnahmen angelehnt werden, sondern so bemessen werden, als ob gleichwertige Arbeitskräfte eingestellt worden wären.

Eine Vernachlässigung dieser Kosten, wie sie in kleineren Handelsbetrieben üblich ist, würde das Betriebsergebnis in positiver Hinsicht verfälschen. In Kapitalgesellschaften tritt kalkulatorischer Unternehmerlohn nicht auf, da Geschäftsführergehälter als Aufwand in die Gehaltssumme eingehen.

b) Warenkosten

Die Warenkosten umfassen – wie bereits erwähnt –

- Substanzkosten,
- Bezugskosten,
- Finanzkosten.

Die Erfassung der Warenkosten erfolgt im Handel im allgemeinen mit Hilfe der **Inventur** nach der Gleichung:

Anfangsbestand + Zugang – Endbestand = Wareneinsatz

Anfangs- und Endbestand werden durch Stichtagsinventuren ermittelt, die Zugänge mit Hilfe von Wareneingangsscheinen registriert.

Eine Schwierigkeit der **Bewertung des Wareneinsatzes** wird dadurch verursacht, daß im Einzelhandel die Warenbestände im allgemeinen zu Verkaufswerten erfaßt werden. Zur Ermittlung der Warenkosten ist ein Abschlag in Höhe der Handelsspanne notwendig. Zusätzlich ist die im Umsatz enthaltene MWSt herauszurechnen (vgl. Kapitel E).

Ermittlung der Warenkosten ist ein Abschlag in Höhe der Handelsspanne notwendig (vgl. Kapitel E).

$$\text{Handelsspanne (absolut)} = \text{Umsatzerlöse} - \text{Wareneinsatz (in DM)}$$

$$\text{Handelsspanne (relativ)} = \frac{\text{Umsatzerlöse} - \text{Wareneinsatz}}{\text{Umsatzerlöse}} \times 100 \quad \text{(in \%)}$$

Als Abschlag wird häufig die kalkulatorische Spanne als Soll- oder Plan-Spanne gewählt. Es bestehen jedoch Einflußfaktoren, die die Soll-Spanne effektiv vermindern:

- Verderb,
- Bruch,
- Eigenverbrauch,
- Preisherabsetzungen für Aktionsangebote (abzüglich vorgenommener Preisheraufsetzungen),
- Abschläge für schwerverkäufliche oder unverkäufliche Ware.

Der effektive Wareneinsatz ist somit in der Regel höher als auf Basis der Soll-Spanne ermittelt. Mit anderen Worten: Der Abschlag mit Hilfe der Soll-Spanne wird wegen des zugrundegelegten niedrigeren Wareneinsatzes das ausgewiesene Soll-Betriebsergebnis erhöhen.

Beispiel einer monatlichen Ergebnisrechnung

Umsatzerlöse	100 000 DM	Umsatzerlöse	100 000 DM
./. Soll-Spanne (35 %)	35 000 DM	./. Ist-Spanne (30 %)	30 000 DM
= Soll-Wareneinsatz	65 000 DM	= Ist-Wareneinsatz	70 000 DM
Umsatzerlöse	100 000 DM	Umsatzerlöse	100 000 DM
./. Soll-Wareneinsatz	65 000 DM	./. Ist-Wareneinsatz	70 000 DM
./. Handlungskosten	27 000 DM	./. Handlungskosten	27 000 DM
= Soll-Betriebsergebnis	8 000 DM	= Ist-Betriebsergebnis	3 000 DM

Um die Fehlerquote zu senken, wäre es notwendig, zumindest einen kleineren Teil der Warenbestände neben den Verkaufspreisen zusätzlich zu Einstandspreisen zu bewerten. Hier können allerdings erhebliche Stichprobenfehler auftreten, wenn nicht für die einzelnen Sortimente getrennte Spannen ermittelt werden. Das gleiche gilt für verschiedene Betriebsformen innerhalb einer Einzelhandelsgruppe (z. B. Supermärkte, Verbrauchermärkte, Discounter). Daneben sind Abschläge für „Ladenhüter" erst nach Ermittlung der repräsentativen Spannen vorzunehmen, um eine weitere Möglichkeit der Spannenverfälschung zu vermeiden.

c) Materialkosten

Da die Warenkosten ausgegliedert worden sind, entsprechen die Materialkosten des Handels den Kosten für Hilfs- und Betriebsstoffe der Industrie. Als **Hilfsmaterialien** treten im Handel auf:

- Verwaltungs- und Büromaterial,
- Verpackungsmaterial,
- Material für Werbe- und Dekorationsmittel,
- Instandhaltungsmaterial.

Als **Betriebsstoffe** sind im Handel zu nennen:

- Treibstoffe für Kraftfahrzeuge,
- Energieträger (Öl, Gas, Wasser, Strom).

Die Erfassung des Materialverbrauchs erfolgt im allgemeinen im Rahmen der Inventur.

Die **Bewertung der Verbrauchsmengen** kann verschieden vorgenommen werden:

- zu effektiven Einstandspreisen (System der Istkostenrechnung),
- zu festen Verrechnungspreisen auf Basis der vergangenen Einstandspreise (System der Normalkostenrechnung),
- zu geplanten Verrechnungspreisen auf Basis zukünftig erwarteter Einstandspreise (System der Plankostenrechnung).

Die Bewertung zu Istkosten hat den Nachteil, daß Preisschwankungen zu rechentechnischem Aufwand in der Kostenartenrechnung führen und der Aussagegehalt der Kostenstellen- und Kostenträgerrechnung beeinträchtigt wird. Aus diesen Gründen wird eine Bewertung zu Fest- oder Planpreisen in der Praxis bevorzugt.

d) Kalkulatorische Abschreibungen

Mit zunehmender Anlageintensität vieler Handelsbetriebe gewinnen die kalkulatorischen Abschreibungen als Kostenart an Bedeutung.

Die kalkulatorischen Abschreibungen weichen in der Regel in den Jahresbeträgen von den bilanziellen Abschreibungen ab. Der Grund für die Bewertungsunterschiede liegt in der Zielsetzung der beiden Rechnungsarten:

- Zielsetzung der Aufwands- und Ertragsrechnung (G + V-Rechnung) ist häufig die Gewinnverlagerung in spätere Abrechnungsperioden, um eine Steuerstundung zu erreichen;
- Zielsetzung der Kosten- und Leistungsrechnung ist die Erfassung des betriebswirtschaftlich „richtigen" Ergebnisses der Abrechnungsperiode.

Die Bewertungsunterschiede können auf folgenden Faktoren basieren:

(1) Unterschiedliche Abschreibungsverfahren

- Bilanzielle Abschreibungen werden häufig nach der **degressiven Methode** vorgenommen. Die zunächst höheren jährlichen Abschreibungsbeträge sinken später unter die Beträge der linearen Methode. Ab diesem Zeitpunkt wird bilanziell in der Regel ein Wechsel von der degressiven zur linearen Methode vorgenommen.
- Kalkulatorische Abschreibungen sollen den tatsächlichen Werteverzehr berücksichtigen, der im allgemeinen nicht mit dem degressiven Verlauf identisch ist. Deshalb werden kalkulatorische Abschreibungen häufig **linear** ermittelt.

Beispiel:

- Anschaffungskosten eines Anlagegegenstandes = 1 000 DM
- Nutzungsdauer = 10 Jahre
- degressiver Abschreibungssatz (vom Restbuchwert) = 30 %
- kalkulatorische Abschreibung: linear

	Bilanzielle Abschreibung		Kalkulatorische Abschreibung	
Jahre	degressive Jahresabschreibung	Restbuchwert (degressiv)	lineare Jahresabschreibung	kalkulatorischer Restwert (linear)
1	300,–	700,–	100,–	900,–
2	210,–	490,–	100,–	800,–
3	147,–	343,–	100,–	700,–
4	102,90	240,10	100,–	600,–
5	72,03	168,07	100,–	500,–
6	50,42	117,65	100,–	400,–
7	35,29	82,36	100,–	300,–
8	24,71	57,65	100,–	200,–
9	17,30	40,35	100,–	100,–
10	12,11	28,24	100,–	0,–

Im Beispiel entsteht in den ersten vier Jahren bewertungsbedingt ein neutraler Aufwand:

Differenz bilanzielle (degressive) ./. kalkulatorische (lineare) Jahresabschreibung.

Vom fünften Jahr an entstehen umgekehrt Zusatzkosten, da die kalkulatorischen linearen Abschreibungen die bilanziellen Abschreibungen übersteigen.

(2) Ausnutzung außerplanmäßiger Abschreibungsmöglichkeiten

Aus volkswirtschaftlichen Gründen werden vom Staat teilweise Möglichkeiten zur Sonderabschreibung eingeräumt (z. B. Berlin-Abschreibungen, Abschreibungen in der Schifffahrt). Hierbei handelt es sich in jedem Fall um neutralen Aufwand, der nicht in der Kostenrechnung zu berücksichtigen ist.

(3) Unterschiedliches Abschreibungsvolumen

- Die bilanziellen Abschreibungen orientieren sich an den **Anschaffungs- bzw. Herstellungskosten** eines Anlagegutes. Die Abschreibungen dienen hier der **nominellen Kapitalerhaltung.** Bei Reinvestition stehen der Unternehmung Abschreibungsgegenwerte in Höhe des früheren Aufwandes zur Verfügung. Bei Preissteigerungen ist dieser Betrag jedoch nicht ausreichend zur Reinvestition.

- Die kalkulatorischen Abschreibungen sollen sich deshalb an geschätzten **Wiederbeschaffungskosten** orientieren. Die Abschreibungen dienen hier der **substantiellen** (gütermäßigen) **Kapitalerhaltung.**

(4) Die geplante Nutzungsdauer

- Die bilanziellen Abschreibungen werden auf die steuerlich zulässige Nutzungsdauer eines Investitionsobjektes bezogen. Am Ende dieser Planperiode ist das Objekt im allgemeinen bis auf einen Erinnerungswert von 1 DM vollständig abgeschrieben. Bei fortdauernder Nutzung sind weitere bilanzielle Abschreibungen nicht zulässig.

- Die kalkulatorischen Abschreibungen übersteigen z. T. das geplante Abschreibungsvolumen, falls die Nutzungsdauer über die Planperiode hinausgeht. In diesem Fall werden die geplanten Wiederbeschaffungskosten über 100 % hinaus abgeschrieben.

Begründet wird die fortgeführte Abschreibung bei Überschreitung der geplanten Nutzungsdauer damit,

- daß Preiserhöhungen für die verspätete Wiederbeschaffung zusätzlich einzukalkulieren sind und
- daß eine Überalterung der Sachanlagen sonst wegen fehlender Abschreibungen zu Scheingewinnen führt. Die aufgestauten Investitionen verursachen in späteren Abrechnungsperioden erhebliche Gewinneinbrüche.

e) Kalkulatorische Zinsen

Neben den kalkulatorischen Abschreibungen bilden die kalkulatorischen Zinsen die Kapitalkosten. Sie differieren im Vergleich zum Zinsaufwand der Gewinn- und Verlustrechnung,

– weil die Summe der effektiv gezahlten Zinsen von der Höhe des verzinslichen Fremdkapitals und von den vereinbarten Zinssätzen abhängt,

– weil die kalkulatorischen Zinsen sich auf das gesamte betriebsnotwendige Kapital (inklusiv eigenfinanzierter Teile) beziehen und vom gewählten Kalkulationszinssatz abhängen. Sie sind folglich unabhängig von der Finanzstruktur der Unternehmung.

(1) Ermittlung des betriebsnotwendigen Kapitals

Zur Ermittlung des betriebsnotwendigen Kapitals wird zunächst das betriebsnotwendige Vermögen errechnet.

> *Das betriebsnotwendige Vermögen umfaßt alle Teile des Anlage- und Umlaufvermögens, die dem Betriebszweck dienen.*

● Das **betriebsnotwendige Anlagevermögen** kann auf dreierlei Weise (mit verschiedenen Wertansätzen) berechnet werden:

– **Ansatz bilanzieller Restbuchwerte**:

Es werden die Bilanzansätze herangezogen. Das hat den Vorteil, daß keine zusätzlichen Berechnungen – wie bei den anderen beiden Alternativen – notwendig sind. Da aber die Bilanzbuchwerte von der Höhe der bilanziellen Abschreibungen abhängig sind, diese jedoch nicht den tatsächlichen Werteverzehr berücksichtigen (vgl. den vorhergehenden Abschnitt d), ist dieses Verfahren betriebswirtschaftlich wenig brauchbar.

– **Ansatz kalkulatorischer Restwerte**:

Wiederbeschaffungskosten abnutzbarer Anlagegüter
./. kalkulatorische Abschreibungen (kumuliert)

= kalkulatorische Restwerte

Die Zinsbelastung sinkt mit abnehmendem Restwert während der Nutzungsdauer eines Anlagegutes. Das Restwertverfahren ist präzise, setzt aber jährliche Neuberechnungen des gebundenen Anlagevermögens je Vermögensgegenstand voraus (vgl. auch die nachfolgende Abbildung).

– **Ansatz kalkulatorischer Durchschnittswerte**:

Einfacher ist das **Durchschnittswertverfahren**, das die durchschnittlich während der Nutzungsdauer eines Anlagegutes gebundenen Mittel als Bezugsbasis verwendet:

$$\frac{\text{Wiederbeschaffungskosten eines Anlagegutes}}{2} = \text{Durchschnittswert}$$

Ist am Ende der Nutzungsdauer mit einem Liquidationserlös für das Investitionsobjekt zu rechnen, ermittelt sich der Durchschnittswert nach der Formel:

$$\frac{\text{Wiederbeschaffungskosten + Liquidationserlös}}{2} = \text{Durchschnittswert}$$

Der ermittelte Durchschnittswert ist leicht in einer graphischen Darstellung erkennbar:

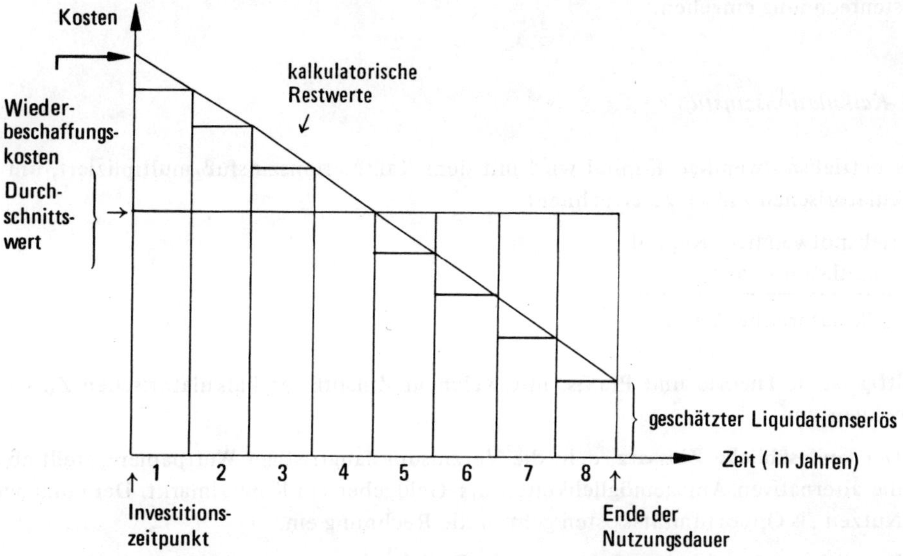

Für den einzelnen Anlagegegenstand wird – im Gegensatz zum Restwertverfahren – während der gesamten Nutzungsdauer eine gleichbleibende Zinsbelastung aus Vereinfachungsgründen unterstellt.

- Für das **betriebsnotwendige Umlaufvermögen** werden **kalkulatorische Mittelwerte** berechnet:

$$\frac{\text{Anfangsbestand + Endbestand}}{2} = \text{kalkulatorischer Mittelwert}$$

oder genauer, wenn die Jahresbestände aus saisonalen Gründen nicht repräsentativ für die Abrechnungsperiode sind:

$$\frac{\text{Anfangsbestand + Monatsendbestände}}{13} = \text{kalkulatorischer Mittelwert}$$

- Vom betriebsnotwendigen Vermögen (Anlage- und Umlaufvermögen) ist das zinslos zur Verfügung stehende Fremdkapital (**Abzugskapital**) abzuziehen:

Betriebsnotwendiges Vermögen
./. Abzugskapital

= Betriebsnotwendiges Kapital

Zum Abzugskapital gehören Anzahlungen von Kunden und insbesondere Warenverbindlichkeiten, da die entgangenen Skonti bereits über die erhöhten Warenkosten in die Kostenrechnung eingehen.

(2) Kalkulationszinsfuß

Das betriebsnotwendige Kapital wird mit dem Kalkulationszinsfuß multipliziert, um die kalkulatorischen Zinsen zu errechnen:

Betriebsnotwendiges Kapital
x Kalkulationszinsfuß

= Kalkulatorische Zinsen

Strittig ist in Theorie und Praxis, mit welchem Zinsfuß die kalkulatorischen Zinsen zu errechnen sind:

- Der **landesübliche Zinssatz**, d. h. die Verzinsung langfristiger Wertpapiere, stellt ab auf die alternativen Anlagemöglichkeiten der Geldgeber am Kapitalmarkt. Der entgangene Nutzen als Opportunitätskosten geht in die Rechnung ein.
- **Konditionen langfristig aufgenommener Darlehen** sind ein zweiter Ansatz, der über den Guthabenzinsen liegt. Es wird unterstellt, daß das gesamte betriebsnotwendige Kapital fremdfinanziert wird.
- Der in der Investitionsrechnung verwendete **Kalkulationszinsfuß** wird häufig auch für die Berechnung der kalkulatorischen Zinsen herangezogen. Er kann sowohl auf Alternative 1 als auch auf Alternative 2 basieren oder die gewünschte Mindestrendite des Investors widerspiegeln.

f) Kalkulatorische Wagniskosten

Das allgemeine unternehmerische Risiko wird – wenn nicht bereits im Ansatz der kalkulatorischen Zinsen berücksichtigt – mit dem Gewinn abgegolten. Es wird deshalb nicht als besonderes kalkulatorisches Wagnis in diese Kostenart einbezogen.

> *Die kalkulatorischen Wagniskosten dienen dem Betrieb zur Sicherung gegen spezielle betriebsbedingte Verlustgefahren.*

Diese treten in der Praxis häufig unregelmäßig und stoßweise auf und werden in der Gewinn- und Verlustrechnung als außerordentlicher Aufwand behandelt. Um die Kosten- und Leistungsrechnung nicht durch plötzlich auftretende Verluste zu verfälschen, dienen die kalkulatorischen Wagnisse als Ausgleich für Verlustgefahren. Aus langfristigen Durchschnittswerten der Vergangenheit und unter Berücksichtigung zukünftiger Gefahrenänderungen werden die Wagniskosten ermittelt.

Im Handel spielt das **Beständewagnis** infolge von Verderb, Schwund oder Diebstahl eine besondere Rolle. Da die Verlustgefahren für die einzelnen Warengruppen unterschiedlich groß sein können, empfiehlt sich eine getrennte Wagniskosten-Berechnung nach Warengruppen. Dadurch können die Beständewagnisse als Einzelkosten den Waren als Kosten- und Leistungsträgern zugerechnet werden.

Daneben besitzen die **Forderungswagnisse** vor allem im Großhandel erhebliche Bedeutung. Es werden die durchschnittlich zu erwartenden Forderungsverluste kostenmäßig erfaßt. Falls eine Auswertung der Kosten- und Leistungsrechnung nach Kundengruppen erfolgt, empfiehlt sich eine getrennte Berechnung der Forderungswagnisse nach diesen Kundengruppen.

Fallen die effektiven Verluste im Betrieb regelmäßig ohne größere Schwankungen an, können anstelle der kalkulatorischen Kosten die effektiven Verluste in die Kostenrechnung einbezogen werden.

g) Fremdleistungskosten

Die Fremdleistungskosten sind eine heterogene Kostenartengruppe, die sämtliche Kosten umfaßt, die für Dienstleistungen Außenstehender entstehen.

Hierunter sind zu fassen:

- Mietkosten (bei Benutzung eigener Grundstücke oder Gebäude sind kalkulatorische Mieten zu berücksichtigen, die jedoch keine Fremdleistungskosten sind),
- Reise- und Repräsentationskosten,
- Rechts- und Beratungskosten,
- Versicherungskosten,
- Speditionskosten,
- Postkosten,
- Energiekosten,
- Kosten für Fremdreparaturen,
- Reinigungs- und Bewachungskosten, falls Außenstehende beauftragt werden.

Die Kostenerfassung ist relativ problemlos, da es sich um aufwandsgleiche Kosten handelt, die aus der Finanzbuchhaltung übernommen werden können.

h) Steuern, Gebühren, Beiträge

Als Abgaben sind sämtliche Kostensteuern sowie Gebühren und Beiträge für öffentliche Einrichtungen, Verbände und Kammern in der Kostenrechnung zu erfassen.

Zu den Kostensteuern gehören:

- Gewerbesteuer,
- Grundsteuer,
- Kraftfahrzeugsteuer.

Nicht in der Kostenrechnung berücksichtigt wird die Einkommen- oder Körperschaftsteuer, da sie vom Gesamtergebnis abhängt, sowie die Vermögensteuer.

> *Das Betriebsergebnis der Kosten- und Leistungsrechnung ist somit ein Ergebnis vor Einkommensteuern und Vermögensteuern.*

Die meisten Wertansätze für die Kostenarten werden somit unmittelbar aus der Finanzbuchhaltung übernommen (Grundkosten). Hier hat der Kostenrechner lediglich für eine betriebswirtschaftlich sinnvolle Untergliederung der Kostenarten Sorge zu tragen. Demgegenüber sind die kalkulatorischen Kostenarten zusätzlich für die Kosten- und Leistungsrechnung zu ermitteln (Zusatzkosten).

Mit den Angaben zur weiteren Verrechnung der ermittelten Kostenbeträge wird die Brücke von der Kostenartenrechnung zur Kostenstellen- und Kostenträgerrechnung geschlagen.

Fragen:

13. Welche Schwierigkeiten treten bei der Ermittlung der Warenkosten im Einzelhandel auf, und wie kann man diese Schwierigkeiten abschwächen?
14. Wie errechnen Sie die kalkulatorischen Zinsen?

II. Kostenstellenrechnung

Lernziel:

Obwohl die Kostenstellenrechnung im Handel weniger oft angewendet wird als in der Industrie, sollten Sie nach Durcharbeiten dieses Abschnitts die Kostenstellenrechnung in das System der Betriebsabrechnung einordnen können. Sie sollten in der Lage sein, die Kostenverrechnung für einen Handelsbetrieb mit Hilfe eines Betriebsabrechnungsbogens durchzuführen. Außerdem sollten Sie wissen, wie eine Kostenkontrolle von Kostenstellen vorgenommen werden kann.

1. Aufgaben der Kostenstellenrechnung

Die Kostenstellenrechnung ist erst ab einer bestimmten Mindestgröße des Handelsbetriebes sinnvoll, da sie einen arbeitsteiligen Ablauf des Betriebsprozesses voraussetzt. Für Kleinbetriebe insbesondere des Einzelhandels dürfte die Kostenartenrechnung meistens völlig ausreichen.

Nachdem die Kostenartenrechnung die Frage beantwortet hat: „Welche Kosten sind wie hoch angefallen? ", klärt die Kostenstellenrechnung die Frage: „Wo sind die Kosten angefallen? ".

Mit Hilfe der Kostenstellenrechnung werden die Gemeinkosten den Orten der Kostenentstehung (Kostenstellen) zugeordnet.

Damit soll die **Kostenstellenrechnung** folgende **Aufgaben** erfüllen:

- die Wirtschaftlichkeit der Kostenstellen wird durch **Kostenkontrollen** überprüft;
- die **Kostenträgerrechnung** (Kalkulation und kurzfristige Erfolgsrechnung) wird durch präzise Verrechnung der Gemeinkosten auf Kostenstellen in ihrer Genauigkeit verbessert, da die jeweilige Beanspruchung der Kostenstellen durch die Kostenträger berücksichtigt wird.

2. Die Bildung von Kostenstellen im Handel

Kostenstellen sind kostenmäßig abgrenzbare Teilbereiche von Betrieben.

Damit die Kostenstellenrechnung ihre Aufgaben erfüllen kann, soll die Einteilung des Handelsbetriebes in Kostenstellen nach bestimmten Prinzipien vorgenommen werden.

a) Prinzipien der Kostenstellen-Gliederung

(1) Voraussetzung der genauen Kostenkontrolle ist eine **Abgrenzung der Betriebsteile nach Verantwortungsbereichen**. Bei unklaren Verantwortlichkeiten entziehen sich die Betroffenen nach Möglichkeit der Kontrolle.

(2) Als Voraussetzung für eine Präzisierung der Kostenträgerrechnung müssen für die Kostenstellen möglichst **genaue Bezugsgrößen** gefunden werden, da sonst mit fehlerhaften Kalkulationssätzen gearbeitet wird.

(3) Voraussetzung für eine reibungslose Verbindung der Kostenartenrechnung mit der Kostenstellenrechnung ist es, daß sich die **Kostenartenbelege genau** und **einfach** auf jede Kostenstelle verbuchen **(kontieren)** lassen.

Die genannten Gliederungsprinzipien stehen teilweise in Konkurrenz zueinander. Eine möglichst feine Einteilung in Betriebsbereiche verbessert die Abgrenzung nach Verantwortungsbereichen sowie die Wahl genauer Bezugsgrößen, erschwert aber die genaue Verbuchung der Kosten.

b) Einteilung der Kostenstellen nach der Art der Abrechnung

In größeren Handelsbetrieben werden folgende Arten von Kostenstellen unterschieden:

(1) **Haupt-Kostenstellen** verursachen im Handel nicht nur Kosten, sondern erbringen in der Regel auch Leistungen für den Absatzmarkt. Sie werden deshalb im Handel auch als Haupt-Leistungsstellen bezeichnet. Sie sind Profit-Centers des Handelsbetriebes.

Übliche Haupt-Kostenstellen sind:

- Verkaufsabteilungen,
- Warengruppen,
- Absatzgebiete,
- Niederlassungen bzw. Filialen.

(2) **Hilfs-Kostenstellen** erbringen ihre Leistungen nicht unmittelbar für den Markt, sondern für andere Kostenstellen des Betriebes (innerbetriebliche Leistungserstellung).

Zum Teil werden die Hilfs-Kostenstellen nochmals untergliedert

- in **spezielle Hilfs-Kostenstellen**, die ihre Leistungen an Haupt-Kostenstellen abgeben (z. B. Fuhrpark, Dekorationsabteilung). Sie werden auch als **Neben-Kostenstellen** bezeichnet;
- in **allgemeine Hilfs-Kostenstellen**, die ihre Leistungen für den Gesamtbetrieb erbringen (z. B. Geschäftsleitung, Verwaltung).

Die Kosten der Hilfs-Kostenstellen werden den betroffenen Haupt-Kostenstellen zugerechnet. Liegt im Handelsbetrieb eine solche innerbetriebliche Kosten- und Leistungsverrechnung vor, kann auf eine Kostenstellenrechnung nicht verzichtet werden.

c) Einteilung der Kostenstellen nach anderen Kriterien

Die Haupt- und Hilfskostenstellen werden wiederum eingeteilt

- nach **räumlichen** Kriterien (z. B. bilden im Filial-Einzelhandel die einzelnen Filialen Haupt-Kostenstellen);
- nach **funktionalen** Kriterien (z. B. nach betrieblichen Funktionen in Beschaffung, Lagerhaltung und Versand, Manipulation, Absatz, Verwaltung; eine Einteilung nach Handelsfunktionen in Raumausgleich, Zeitausgleich usw. ist wegen mangelnder Zurechnungsmöglichkeit nicht durchführbar);
- nach **produktbezogenen** Kriterien (im Handel werden die Haupt-Kostenstellen häufig nach Warengruppen untergliedert);
- nach **organisatorischen** Kriterien (z. B. nach Abteilungen laut Organisationsplan, um eine bessere Kosten- und Leistungsabgrenzung zu erreichen. Ähnlich der hierarchischen Aufbauorganisation ist eine Kostenstellen-Hierarchie denkbar).

Frage:

15. Welche Aufgaben muß eine Kostenstellenrechnung erfüllen, und wie sind Kostenstellen zu bilden?

3. Der Betriebsabrechnungsbogen im Handel

a) Kostenverrechnung mit Hilfe des Betriebsabrechnungsbogens

Der Betriebsabrechnungsbogen (BAB) ist das „Kernstück" der Betriebsabrechnung als Vollkostenrechnung und Bindeglied zwischen Kostenarten- und Kostenträgerrechnung. Er wird in statistisch-tabellarischer Form manuell oder per EDV erstellt, wobei zeilenweise die Kostenarten und spaltenweise die Kostenstellen aufgeführt werden.

Schematisch wird der Zusammenhang der Kostenverrechnung in folgender Abbildung (S. 44) dargestellt. Anhand dieser Abbildung können folgende **Arbeitsschritte bei der Kostenverrechnung** unterschieden werden:

(1) In der Kostenartenrechnung werden die Kostenarten in bezug auf die Kostenträger in Einzelkosten und in Gemeinkosten gegliedert.

(2) Die (Träger-)Einzelkosten werden direkt den jeweiligen Kostenträgern zugerechnet.

③ Die (Träger-)Gemeinkosten werden im Betriebsabrechnungsbogen nach dem Verursachungsprinzip auf Kostenstellen verrechnet. Die Kosten können unmittelbar von einer Kostenstelle verursacht worden sein (Stelleneinzelkosten) oder über Verrechnungsschlüssel auf die Kostenstellen verteilt werden (Stellengemeinkosten).

④ Daraufhin wird die Summe der aus der Kostenartenrechnung übernommenen Gemeinkosten je Kostenstelle ermittelt (Summe der primären Gemeinkosten).

⑤ Die Kosten der einzelnen Hilfs-Kostenstellen werden entsprechend ihrer Inanspruchnahme auf die nachgelagerten Kostenstellen verteilt (sekundäre Gemeinkosten im Zuge der innerbetrieblichen Leistungsverrechnung).

⑥ Es wird die Summe der primären und sekundären Kosten je Haupt-Kostenstelle errechnet.

Zur Kostenkontrolle können die Stellenkosten

- mit Istkosten der Vergangenheit (Istkostenrechnung),
- mit Normalkosten der Vergangenheit (Ermittlung von Über- und Unterdeckungen in der Normalkostenrechnung),
- mit Plankosten (Ermittlung von Plan-Ist- bzw. Soll-Ist-Abweichungen in der Plankostenrechnung)

verglichen werden.

⑦ Je nach Wahl der Bezugsgrößen bzw. der Verrechnungsschlüssel werden für die einzelnen Haupt-Kostenstellen Kalkulationssätze gebildet.

⑧ Die Kalkulationssätze für die Gemeinkosten dienen zusammen mit den bereits zugerechneten Einzelkosten der Kostenträgerrechnung (Kalkulation und KER). Die Haupt-Kostenstellen sind somit abrechnungstechnische Verbindungsglieder zur Kostenträgerrechnung.

b) Umlageschlüssel für Gemeinkostenarten im Handel

Sofern die Trägergemeinkosten nicht unmittelbar einzelnen Kostenstellen zugerechnet werden können (Stellengemeinkosten), hängt die Aussagekraft der Vollkostenrechnung wesentlich von der Qualität der Kostenschlüsselung ab.

Es sind **Mengen-** und **Wertschlüssel** zu unterscheiden.

System der Kostenrechnung (Schematische Darstellung)

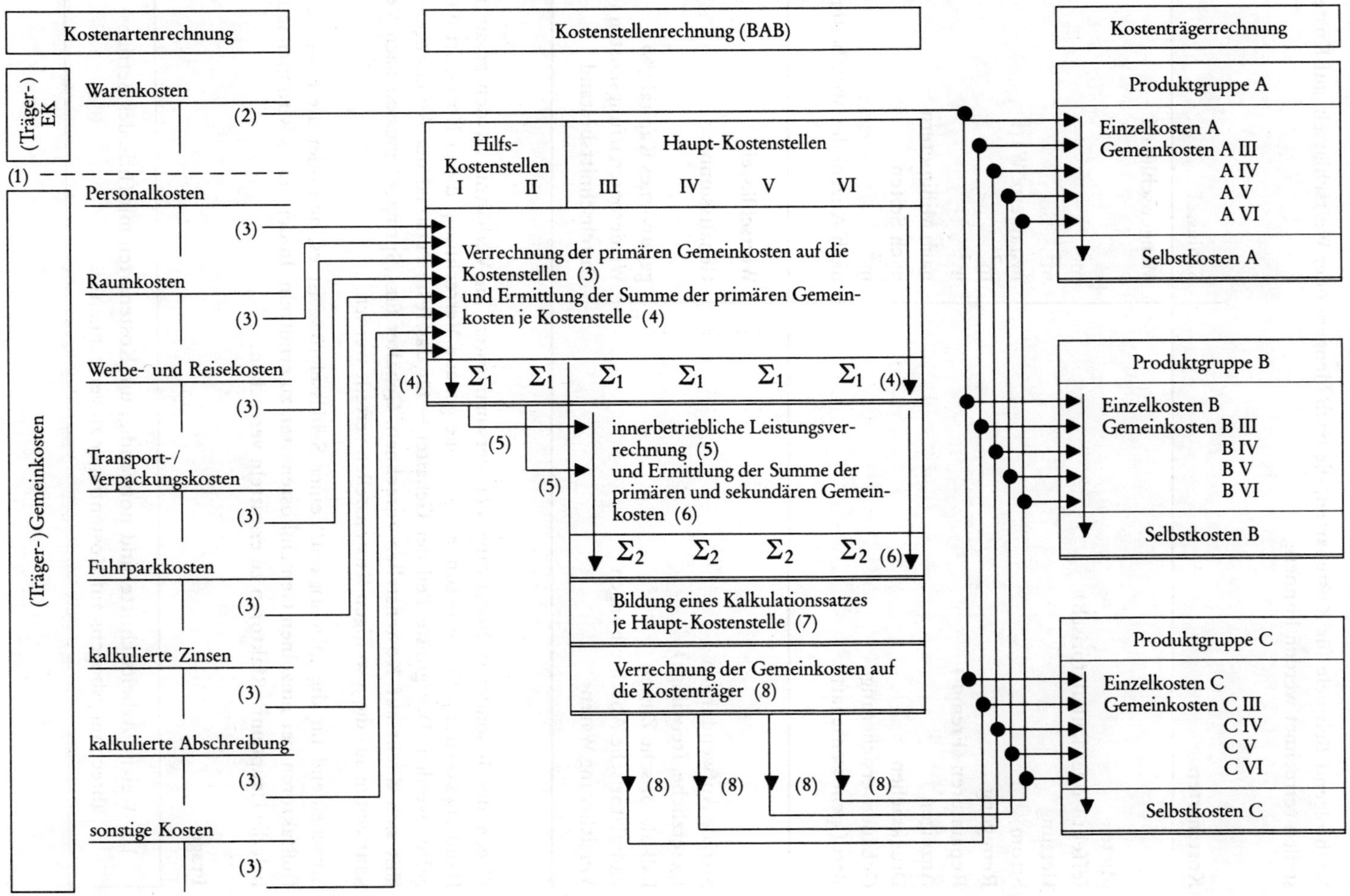

Nachfolgend **Beispiele** für Kostenarten, die nach Mengen- oder Wertschlüsseln auf Kostenstellen verrechnet werden können:

Kostenarten	Schlüssel
	Mengenschlüssel
Miete	
(effektiv oder kalkulatorisch)	m^2
Heizung	m^2
Strom	installierte Watt
Reinigung	m^2
Reparaturen (Fremd-)	m^2
Anzeigen	nach Millimetern
Drucksachen	nach Seiten
Gebäudeversicherung	m^2
Berufsgenossenschaft	nach Anzahl der Mitarbeiter
	Wertschlüssel
Soziale Aufwendungen	Gehaltssumme
(gesetzliche, freiwillige)	
kalkulatorische Zinsen	gebundenes Kapital (%)
kalkulatorische Abschreibungen	Wiederbeschaffungskosten (%)
Versicherung Waren	Durchschnittsbestand

Wegen der besonderen Bedeutung der Personalkosten im Verhältnis zu den gesamten Handlungskosten sollte insbesondere auf eine genaue Verrechnung dieser Kostenart Wert gelegt werden. Der größte Teil der Gehälter – für das feste Personal der Abteilungen – läßt sich direkt auf Kostenstellen zurechnen. Gehälter für „Springer" müssen nach Verkaufszeiten auf die jeweiligen Kostenstellen verteilt werden.

Entscheidend für die „Richtigkeit" einer Schlüsselgröße ist es, den oder die Kosteneinflußfaktoren der einzelnen Gemeinkostenarten zu ermitteln. In der Praxis wird man lediglich die Haupteinflußfaktoren zu ermitteln versuchen.

Frage:

16. Welche Arbeitsschritte sind notwendig, um Kostenarten mit Hilfe des Betriebsabrechnungsbogens auf Kostenträger zu verrechnen?

c) Beispiel einer Kostenstellenrechnung mit innerbetrieblicher Leistungsverrechnung im Handel

An einem einfachen Zahlenbeispiel wird die Kostenstellenrechnung mit Hilfe des Betriebsabrechnungsbogens gezeigt. Aus der Kostenartenrechnung werden die Gemeinkosten in den BAB übernommen und direkt bzw. über Kostenschlüssel auf die Hilfs- und Haupt-Kostenstellen verteilt. Beispielsweise werden die 156 Kosteneinheiten der Personalkosten auf die sieben Kostenstellen verrechnet. Die horizontale Addition muß den Gesamtbetrag der Gemeinkostenart ergeben.

Nach vollständiger Verrechnung der Gemeinkosten erhält man die Summe der (primären) Gemeinkosten je Kostenstelle (z. B. Verwaltung: 58 Einheiten). Da nur die Haupt-Kostenstellen (Abteilungen A-D) Leistungen für den Absatzmarkt erbringen, werden nur die Kosten der Haupt-Kostenstellen den Kosten- und Leistungsträgern mit Hilfe von Kalkulationssätzen zugerechnet.

Um aber die gesamten Gemeinkosten auf die Kostenträger verrechnen zu können, müssen zunächst die Kostenbeträge der Hilfs-Kostenstellen auf die Haupt-Kostenstellen umgelegt werden. Die Kostenumlage soll sich an den innerbetrieblichen Leistungen der Hilfs-Kostenstellen für die nachgelagerten Kostenstellen orientieren. Zu den primären Gemeinkosten sind die sekundären Gemeinkosten der innerbetrieblichen Leistungsverrechnung zu addieren.

Es sind verschiedene **Verfahren der innerbetrieblichen Leistungsverrechnung** anwendbar.

(1) Stufenleiterverfahren

Die Hilfs-Kostenstellen sind so anzuordnen, daß nachgelagerte Stellen möglichst keine Leistungen an vorgelagerte Stellen abgeben. Im vorliegenden Zahlenbeispiel wird unterstellt, daß die Verwaltung keine innerbetrieblichen Leistungen empfängt, sondern nur abgibt an die Hilfs-Kostenstellen „Hilfsbetriebe“ und „Fuhrpark“ sowie an die vier Haupt-Kostenstellen.

Im nächsten Schritt werden für die „Hilfsbetriebe“ die primären und sekundären Gemeinkosten addiert und anteilig nach Inanspruchnahme auf die nachgeordneten Kostenstellen verrechnet (11 + 2 = 13 Kosteneinheiten in der Kostenstelle „Hilfsbetriebe“). Der Name Stufenleiter- bzw. Treppenverfahren ergibt sich aus der Darstellung der innerbetrieblichen Leistungsverrechnung im BAB.

(2) Anbauverfahren

Die einfachste Form der innerbetrieblichen Leistungsverrechnung ist das Anbauverfahren. Leistungsabgaben von Hilfs-Kostenstellen an andere Hilfs-Kostenstellen werden nicht berücksichtigt. Das Anbauverfahren ist ungenauer als das Stufenleiterverfahren.

Das umseitige Zahlenbeispiel würde sich wie folgt ändern:

Beispiel einer Kostenstellenrechnung im Handel (Stufenleiterverfahren)

Nr.	Gemein-Kostenarten	Betrag (in 10 000 DM)	Hilfs-Kostenstellen			Haupt-Kostenstellen			
			Verwaltung	Hilfsbetriebe (z. B. Hausdruckerei)	Fuhrpark	Abt. A	Abt. B	Abt. C	Abt. D
40	Personalkosten	156	27	6	12	18	27	40	26
41	Miete	26	5	1	–	4	6	5	5
42	Sachkosten für Geschäftsräume	12	–	–	–	2	3	5	2
43	Betriebliche Steuern	8	5	–	1	–	1	1	–
44	Kosten für Werbung	13	–	–	–	2	2	5	4
45	Kfz-Kosten	7	–	–	7	–	–	–	–
46	Zinsen	16	7	–	2	1	2	2	2
47	Abschreibungen	13	4	1	2	1	2	2	1
48	Sonstige Kosten	24	10	3	2	2	1	4	2
	Summe der primären Gemeinkosten	275	58	11	26	30	44	64	42
	Umlage der Hilfskosten (sekundäre Gemeinkosten)								
	– Verwaltungskosten			2	8	9	11	16	12
	– Hilfsbetriebe			13	1	3	2	3	4
	– Fuhrpark				35	9	8	10	8
	Summe der primären und. sekundären Gemeinkosten					51	65	93	66
	Bezugsgröße					410	460	710	480
	Kalkulationssatz (Kosten in % von Bezugsgröße)					12,44	14,13	13,10	13,75

Verwaltung	Hilfsbetriebe	Fuhrpark	Abt. A	Abt. B	Abt. C	Abt. D
58	11	26	30	44	64	42
→			10	13	20	15
	→		2	2	3	4
		→	7	6	7	6
			49	65	94	67

Die Abteilung A wird durch das Anbauverfahren begünstigt (49 Einheiten Gemeinkosten statt 51 Einheiten bei Anwendung des Stufenleiterverfahrens). Die Ursache: Abteilung A beansprucht vergleichsweise stark den Fuhrpark. Im Anbauverfahren werden lediglich 26 Einheiten statt 35 Kosteneinheiten von der Hilfs-Kostenstelle „Fuhrpark" verrechnet, was der Abteilung A zugute kommt.

(3) Gleichungsverfahren

Während das Anbauverfahren Leistungsverflechtungen der Hilfs-Kostenstellen nicht berücksichtigt und das Stufenleiterverfahren einseitigen Leistungsaustausch annimmt, will das Gleichungsverfahren wechselseitigen Leistungsaustausch berücksichtigen. Je nach Anzahl der Hilfs-Kostenstellen ist die entsprechende Anzahl von Gleichungen zu bilden. Es entsteht ein System linearer Gleichungen.

Beispiel:

Für jede der drei Hilfs-Kostenstellen (V, H, F) werden folgende Angaben benötigt:

- die Summe der primären Kosten (K_V, K_H, K_F);
- die abgegebenen Leistungseinheiten an die anderen Hilfs-Kostenstellen (l_V, l_H, l_F), wobei der erste Index die leistende Stelle und der zweite Index die empfangende Stelle bezeichnet;
- die Verrechnungspreise pro abgegebener Leistungseinheit (p_V, p_H, p_F).

Es ergibt sich das folgende **lineare Gleichungssystem:**

$$\begin{array}{l}
K_V + l_{HV} \times p_H + l_{FV} \times p_F = l_V \times p_V \\
K_H + l_{VH} \times p_V + l_{FH} \times p_F = l_H \times p_H \\
K_F + l_{VF} \times p_V + l_{HF} \times p_H = l_F \times p_F
\end{array}$$

primäre und sekundäre Kosten der Hilfs-Kostenstellen (Inputwerte)	Outputwerte der Hilfs-Kostenstellen

Von einem Eigenverbrauch der Leistungen innerhalb einer Kostenstelle wurde im obigen Gleichungssystem abgesehen; es kann entsprechend erweitert werden.

Eine manuelle Lösung des Gleichungssystems erweist sich bei mehr als drei Hilfs-Kostenstellen als schwierig. Dem Kostenrechner stehen entsprechende Programme von seiten der EDV-Anbieter zur Verfügung.

Je nach gewähltem Verfahren der innerbetrieblichen Leistungsverrechnung werden die Gemeinkosten je Haupt-Kostenstelle in unterschiedlicher Höhe errechnet.

d) Ermittlung von Kalkulationssätzen

Wie bereits bei der Schlüsselung der Gemeinkosten auf Kostenstellen hängt die Genauigkeit der Kostenverrechnung auf die Kostenträger wiederum von der Wahl zutreffender Bezugsgrößen ab. Die im Beispiel angegebenen Kalkulationssätze wurden auf Basis angenommener Bezugsgrößen ermittelt.

Zum Beispiel wird den Kosten der Verkaufsabteilung A als Bezugsgröße der Umsatz dieser Verkaufsabteilung gegenübergestellt:

$$\text{Kalkulationssatz der Kostenstelle A} = \frac{\text{Stellenkosten (51 Kosteneinheiten)}}{\text{Bezugsgröße (410 Umsatzeinheiten)}} \times 100 = 12{,}44\ \%$$

Den einzelnen Produkten oder Produktgruppen werden hier die Kosten der Kostenstelle A im Verhältnis ihrer Umsatzanteile zugerechnet.

Andere Bezugsgrößen sind beispielsweise:

- Umschlagshäufigkeit des Produktes/der Produktgruppe,
- Anteil der Verkaufsfläche oder Lagerfläche des Produktes (der Produktgruppe),
- Anteil der Verkaufszeit des Produktes/der Produktgruppe,
- Einzelkosten des Produktes/der Produktgruppe.

Der hohe Anteil der fixen Kosten an den Handlungskosten und das Fehlen geeigneter proportionaler Leistungsmaßstäbe als Bezugsgrößen macht die Kostenzurechnung auf Kostenträger im Handel besonders problematisch.

Die Verrechnung der Gemeinkosten auf die Kosten- und Leistungsträger ist auch davon abhängig, welches Kalkulationsverfahren im Handelsbetrieb gewählt wird. Darauf wird später ausführlich eingegangen.

e) Die Auswertung der Kostenstellenrechnung zur Kostenkontrolle

(1) Die Kontrolle in der Istkostenrechnung

Im Handel besitzt die Kostenkontrolle als Aufgabe der Kostenstellenrechnung häufig eine größere Bedeutung als die Verrechnung der Gemeinkosten auf Kostenträger wegen der angesprochenen Problematik bei der Bildung von Kalkulationssätzen. Es wird davon ausgegangen, daß es einfacher ist, für die Kostenstellen Leistungsmaßstäbe zu finden als für die einzelnen Produkte oder Aufträge als Kosten- und Leistungsträger.

Die Kostenkontrolle kann durchgeführt werden

— als Ist-Ist-Kostenvergleich,
— als Normal-Ist-Kostenvergleich,
— als Plan-Ist-Kostenvergleich bzw. Soll-Ist-Vergleich.

Der zeitliche Ist-Ist-Vergleich hat für den Betrieb wenig Aussagefähigkeit, da die vergangene Kostenentwicklung selten als Maßstab für einen Kostenvergleich geeignet ist. Insbesondere können geänderte Kosteneinflußfaktoren den Ist-Ist-Vergleich erheblich verfälschen. Statt dessen kann ein betrieblicher Ist-Ist-Vergleich im Rahmen der Betriebsvergleiche im Handel mehr Aussagekraft besitzen. Voraussetzung dafür ist es jedoch, daß die verglichenen Handelsbetriebe weitgehend gleiche Strukturmerkmale aufweisen (Sortiment, Betriebsgröße, Standort, Betriebsform).

(2) Die Kontrolle in der Normalkostenrechnung

Im Rahmen der Normalkostenrechnung wird der Betriebsabrechnungsbogen weitgehend wie in der oben beschriebenen Weise verwendet. Allerdings wird die innerbetriebliche Leistungsverrechnung erheblich vereinfacht. Für die Hilfs-Kostenstellen werden nicht monatlich — wie in der Istkostenrechnung — neue Verrechnungssätze ermittelt, sondern pro Stelle ein einheitlicher Normalkostensatz für eine Abrechnungsperiode (z. B. ein Jahr) beibehalten. Auch die Kalkulationssätze für die Kostenträgerrechnung werden im vorab durch Normalkostensätze festgelegt. Da die Istkosten von den verrechneten Normalkosten in der Regel abweichen, entstehen für die Kostenstellen Über- und Unterdeckungen, die als Beurteilungskriterium für die Kostenkontrolle der Kostenstellen dienen.

Das obige Zahlenbeispiel einer Betriebsabrechnung wird nachfolgend ergänzt um Normalkostensätze. Aus Vereinfachungsgründen werden nur die Haupt-Kostenstellen betrachtet. Die innerbetriebliche Leistungsverrechnung soll sich durch die Verwendung von Normalkostensätzen nicht verändert haben.

Kostenkontrolle anhand von Über- und Unterdeckungen

	Haupt-Kostenstellen			
	Abt. A	Abt. B	Abt. C	Abt. D
(1) Bezugsgröße	410	460	710	480
(2) Normalkostensatz	12,7 %	13,8 %	13,5 %	13,0 %
(3) verrechnete Normalkosten (1) x (2)	52	63	96	62
(4) Ist-Kosten	51	65	93	66
(5) Überdeckung (+) / Unterdeckung (–) (3) – (4)	+ 1	– 2	+ 3	– 4

Zeile 1 und 4 wurde aus dem früheren Zahlenbeispiel übernommen. Aufgrund vergangener Durchschnittswerte wurden die Normalkostensätze für die Haupt-Kostenstellen zu Beginn der Abrechnungsperiode festgelegt (Zeile 2). Durch Multiplikation mit den jeweiligen Bezugsgrößen wurden die Normalkosten errechnet, die auf die Kostenträger weiterverrechnet worden sind (Zeile 3).

Übersteigen die verrechneten Normalkosten die effektiv entstandenen Istkosten, wird für die Kostenstelle eine **Überdeckung** ausgewiesen. Das trifft für die Abteilungen A und C zu. Demgegenüber haben die Abteilungen B und D höhere Istkosten gehabt; sie weisen eine **Unterdeckung** aus (Zeile 5). Insgesamt saldieren sich die Über- und Unterdeckungen teilweise, so daß lediglich eine Gesamt-Unterdeckung in Höhe von −2 Kosteneinheiten für den Betrieb entsteht.

Sind die ermittelten Über- und Unterdeckungen ein Beurteilungskriterium für das Kostengebahren der Kostenstellenleiter?

Werden die **Normalkostensätze** einfach als Durchschnittswerte der Vergangenheit angesetzt, sind sie weitgehend ungeeignet zur Kostenkontrolle, weil alle Zufälligkeiten und Sonderentwicklungen der Vergangenheit sich in den Wertansätzen niederschlagen. Weitaus geeigneter sind deshalb **aktualisierte Durchschnittswerte**, die bereits neuere Kosteneinflußfaktoren in die Rechenansätze einbeziehen. Aber erst eine exakte Ermittlung von Plankosten kann zum wirksamen Beurteilungsmaßstab der Kostenkontrolle führen.

(3) Die Kontrolle in der starren Plankostenrechnung

Die Planung der Gemeinkosten je Kostenstelle ist Voraussetzung der Kostenkontrolle. Dazu sind folgende Arbeitsschritte notwendig:

- Festlegung einer Bezugsgrößenart für die Kostenstelle

Auf die Schwierigkeit der Wahl „richtiger“, d. h. kostenverursachungsgerechter Bezugsgrößenarten im Handel wurde bereits eingegangen. Direkte Bezugsgrößen bereiten oftmals Erfassungsschwierigkeiten. Deshalb werden beispielsweise für Verkaufsabteilungen häufig indirekte Bezugsgrößen wie Umsatz oder Rohertrag der Kostenstelle herangezogen. Verursachungsgerechter sind selbstverständlich direkte Bezugsgrößen wie Stück, km, qm Verkaufsfläche, Arbeitsstunden, Anzahl bearbeiteter Aufträge usw., die – soweit feststellbar – als Verrechnungsmaßstab angesetzt werden sollten. Für den Einzelhandel in Bedienungsform wurde als Beschäftigungsmaßstab auch die Zahl der Verkaufsgespräche (Verkaufsakte) empfohlen.

- Festlegung der voraussichtlichen Planbeschäftigung, d. h. der Plan-Bezugsgröße

Die Plan-Bezugsgröße der Kostenstelle ergibt sich aus der Unternehmensplanung. Dabei wird in der Praxis vom „Engpaßplan“ ausgegangen, d. h. derjenige Teilbereich ist Ausgangspunkt und Bestimmungsfaktor der Gesamtplanung, der für den Betrieb einen Engpaß darstellt. Das kann bei Beschaffungsschwierigkeiten der Beschaffungsplan, bei Finanzierungsschwierigkeiten der Finanzplan sein. Im Handel werden im allgemeinen die Absatzmöglichkeiten die Beschäftigung bestimmen. Es werden somit z. B. Planumsätze oder Plan-Roherträge je Kostenstelle ermittelt bzw. daraus abgeleitete direkte Bezugsgrößen je Kostenstelle geplant.

- Festlegung der Plankosten

Auf Basis der Planbeschäftigung werden die Plankosten je Kostenart für die Kostenstellen ermittelt. Dabei werden die Verbrauchsmengen mit festen Planpreisen bewertet.

- Ermittlung des Plankosten-Verrechnungssatzes

Nach Addition der Plankosten je Kostenstelle werden die gesamten Plankosten zur Planbeschäftigung in Beziehung gesetzt und der Plankostensatz errechnet:

$$\text{Plankostensatz} = \frac{\text{Plankosten der Kostenstelle}}{\text{Planbeschäftigung der Kostenstelle}}$$

Der **Plankostensatz** geht von einer **proportionalen Beziehung** zwischen den gesamten Gemeinkosten der Kostenstelle und der Bezugsgröße aus, mit anderen Worten:

> *Es wird unterstellt, daß sich alle Gemeinkosten variabel verhalten. Auch die fixen Gemeinkosten werden proportionalisiert.*

Da der Plankostensatz auch zur Verrechnung der Gemeinkosten auf die Kostenträger dient, entwickeln sich die verrechneten Plankosten proportional zur Beschäftigung der Kostenstelle. Diese Zusammenhänge lassen sich graphisch verdeutlichen (vgl. die folgende Abbildung).

Aus der Unternehmensplanung ergibt sich die Planbeschäftigung (B_p) der betrachteten Kostenstelle. Genaue Kostenanalysen führen zur Ermittlung der Plankosten (K_p). Im Verhältnis $\overline{OK_p} : \overline{OB_p}$ ergibt sich der Plankostensatz, der graphisch als Anstiegsmaß der verrechneten Plankosten dargestellt wird. Wird die Planbeschäftigung der Kostenstelle genau eingehalten, werden in Höhe der Plankosten Kosten auf die Kostenträger verrechnet (K_v). Bei Überbeschäftigung (B_{i1}) werden entsprechend mehr Plankosten verrechnet (K_{v1}), bei Unterbeschäftigung (B_{i2}) werden entsprechend weniger Kosten verrechnet (K_{v2}).

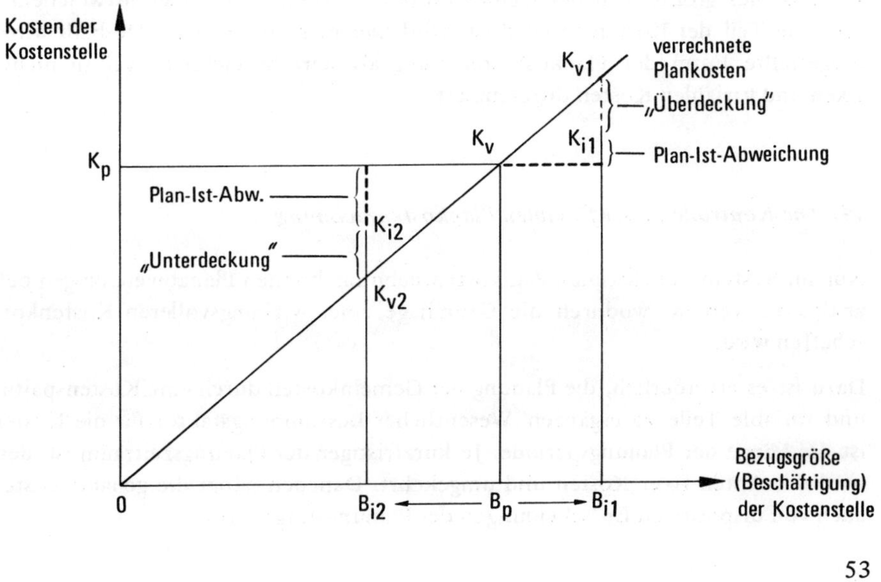

Um Kostenabweichungen feststellen zu können, sind die Istkosten für die Kostenstelle zu ermitteln. Bei Überbeschäftigung (B_{i1}) sei angenommen, daß die Istkosten (K_{i1}) über den Plankosten (K_p) liegen, aber geringer sind als die verrechneten Kosten (K_{v1}). Die Plankosten sind überschritten worden; die Kostenstelle weist eine negative Plan-Ist-Abweichung aus.

Plan-Ist-Abweichung = Plankosten – Istkosten

Andererseits sind mehr Kosten verrechnet worden als tatsächlich angefallen sind. In der Normalkostenrechnung würde von „Überdeckung" gesprochen. Die Bezeichnung wird hier in Anführungsstriche gesetzt, weil die Plankostenrechnung diesen Begriff nicht verwendet.

„Überdeckung"/„Unterdeckung" = Verrechnete Kosten – Istkosten

Werden bei Unterbeschäftigung Istkosten in Höhe von K_{i2} angenommen, entsteht umgekehrt eine positive Plan-Ist-Abweichung sowie eine „Unterdeckung".

Vom System der Kostenverrechnung und Kostenkontrolle her gesehen verläuft die Gemeinkostenplanung hier analog zur dargestellten Normalkostenrechnung. Wie bereits die Über- und Unterdeckungen in der Normalkostenrechnung eine geringe Aussagekraft für eine wirksame Kostenkontrolle besitzen, so wird auch die Kostenkontrolle durch die zusätzlich ermittelten Plan-Ist-Abweichungen in der oben dargestellten Form der Plankostenrechnung nicht sehr viel aussagefähiger. Zwar basiert die Kostenkontrolle jetzt auf sorgfältig analysierten Plandaten, die für die Kostenstelle Vorgabecharakter besitzen. Aber eine negative Plan-Ist-Abweichung signalisiert nicht zwangsläufig sorgloses Kostengebaren. Vielmehr können Mehrkosten auch durch Überschreitung der Planbeschäftigung hervorgerufen worden sein (und umgekehrt).

Zwar ist der größte Teil der Gemeinkosten im Handel fix, aber in welchem Maße der restliche Teil der Kosten variabel ist, wird hier nicht untersucht. Deshalb wird die oben dargestellte Form der Plankostenrechnung als **starr** bezeichnet, weil sie nicht zwischen fixen und variablen Kosten differenziert.

(4) Die Kontrolle in der flexiblen Plankostenrechnung

Nur im System der flexiblen Plankostenrechnung können Planabweichungen befriedigend analysiert werden, wodurch die Grundlage einer wirkungsvolleren Kostenkontrolle geschaffen wird.

Dazu ist es erforderlich, die Planung der Gemeinkosten durch eine Kostenspaltung in fixe und variable Teile zu ergänzen. Wesentlicher Bestimmungsfaktor für die Kostenspaltung ist die Länge der Planungsperiode. Je kurzfristiger der Planungszeitraum ist, desto größer wird der Anteil fixer Kosten und umgekehrt. Daneben hängt die genaue Kostenspaltung auch von dispositiven Entscheidungen der Planungsträger ab.

Beispiel:

Sowohl der Substitut als auch die Verkäufer einer Kostenstelle haben Arbeitsverträge mit einer Kündigungsfrist von 6 Wochen zum Quartalsende. Die Planungsperiode beträgt ein Jahr. Sinkt die Istbeschäftigung der Abteilung deutlich unter die Planbeschäftigung, könnten sowohl dem Substituten als auch den Verkäufern während der Planungsperiode gekündigt werden. Die entsprechenden Gehälter würden demnach als variable Kosten eingestuft.

Soll der Substitut und ein Teil der Verkäufer (z. B. wegen langjähriger Betriebszugehörigkeit oder aus organisatorischen Gründen) auf keinen Fall kurzfristig entlassen werden, sind diese Gehälter trotz ihrer Abbaufähigkeit als fixe Kosten einzustufen.

Der überwiegende Teil der Kostenarten setzt sich aus fixen und variablen Bestandteilen zusammen, die wiederum in ihrem Verhältnis zueinander von Kostenstelle zu Kostenstelle und von Kostenart zu Kostenart variieren.

Deshalb wurde die Einteilung in variable und fixe Kostenarten innerhalb der Kostenartenrechnung als unzweckmäßig abgelehnt. Sie muß separat für jede einzelne Kostenstelle vorgenommen werden.

Im folgenden **Beispiel** wird für die Hilfs-Kostenstelle Fuhrpark eine flexible Kostenplanung dargestellt.

Kostenplan Fuhrpark

	Planbeschäftigung:	35 km-Einheiten		
Nr.	Gemeinkostenarten	gesamt	variabel	fix
40	Personalkosten	14	7	7
41	Miete	–	–	–
42	Sachkosten f. Geschäftsräume	–	–	–
43	Betriebliche Steuern	1	–	1
44	Kosten für Werbung	–	–	–
45	Kraftfahrzeugkosten	8	6	2
46	Zinsen	2	–	2
47	Abschreibungen	2	1	1
48	Sonstige Kosten	2	–	2
	Summe der primären Gemeinkosten	29	14	15
geplante variable Stückkosten		0,40		

Aus Vereinfachungsgründen wird nur die Planung der primären Kosten betrachtet; von der innerbetrieblichen Leistungsverrechnung im System der Plankostenrechnung wird abstrahiert. Nach vorgenommener Spaltung der Plankosten sind die geplanten Fixkosten der Kostenstelle bekannt (15 Einheiten), und es lassen sich die variablen Plankosten je Beschäftigungseinheit ermitteln (14 : 35 = 0,40 DM/km).

Zur Kostenkontrolle ist man nicht mehr auf Über- und Unterdeckungen oder auf globale Plan-Ist-Abweichungen angewiesen; es wird in der flexiblen Plankostenrechnung ein Soll-Ist-Vergleich durchgeführt. Ergänzend zur starren Plankostenrechnung werden Sollkosten ermittelt.

Begriffe:

Sollkosten sind die geplanten Kosten bei jeweiliger Istbeschäftigung der Kostenstelle.

Plankosten sind die geplanten Kosten bei Planbeschäftigung der Kostenstelle.

Istkosten sind die entstandenen Kosten einer Kostenstelle bei Istbeschäftigung.

Zur Errechnung der Sollkosten sind die variablen Plankosten pro Beschäftigungseinheit zu ermitteln (z. B. 0,40 DM/km) und mit der Istbeschäftigung zu multiplizieren. Die geplanten Fixkosten sind anschließend zu addieren. Graphisch kann daraus eine Sollkostenkurve abgeleitet werden, die angibt, wie hoch die Istkosten bei jeweiligem Beschäftigungsgrad sein dürfen. Mit den Sollkosten steht dem Kostenrechner ein brauchbarer Maßstab zur Kostenkontrolle zur Verfügung.

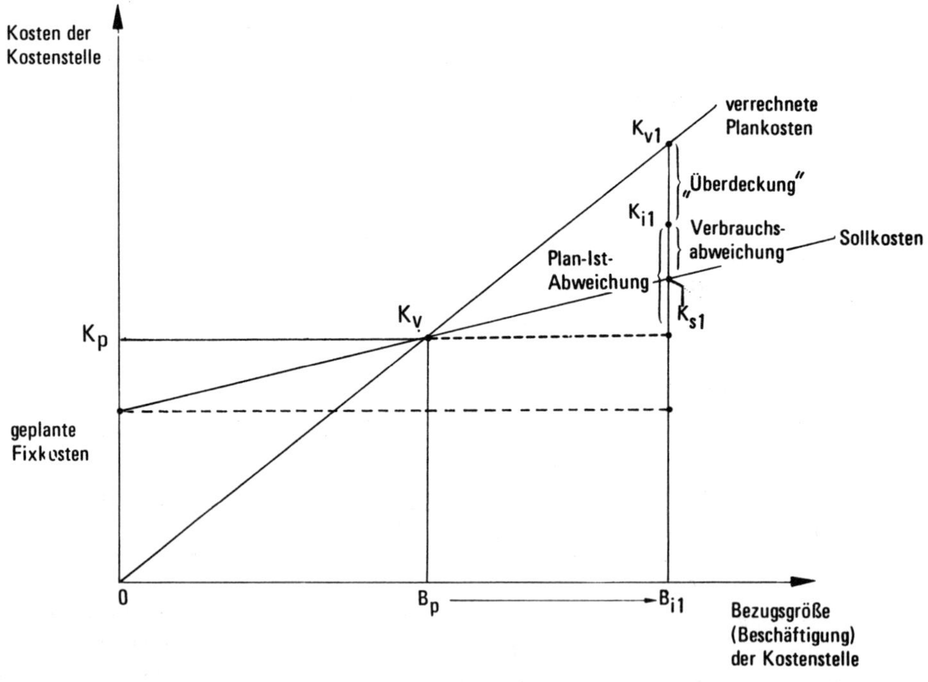

Jetzt läßt sich auch graphisch ermitteln, ob der Kostenstellenleiter die Plankosten wegen der Überbeschäftigung oder wegen mangelnder Kostendisziplin überschritten hat. Nur ein Teil der Plan-Ist-Abweichung ist im Beispiel auf die Erhöhung der variablen Plankosten wegen Überbeschäftigung zurückzuführen (Sollkosten K_{s1} – Plankosten K_p). Der restliche Teil der Plan-Ist-Abweichung resultiert aus Mehrverbrauch von Kostengütern und wird als **Verbrauchsabweichung** bezeichnet (Sollkosten K_{s1} – Istkosten K_{i1}). Beispielsweise hat der Abteilungsleiter wegen überplanmäßiger Umsätze mehr Personal eingestellt, als laut Kostenplanung gerechtfertigt gewesen wäre.

Planmenge x Planpreis bei Istbeschäftigung (= Sollkosten)
./. Istmenge x Planpreis (fester Verrechnungspreis) (= Istkosten)

= Verbrauchsabweichung (Soll-Ist-Abweichung)

Die Differenz zwischen verrechneten Kosten (K_{v1}) und Sollkosten (K_{s1}) entsteht wegen der vorgenommenen Proportionalisierung sämtlicher Gemeinkosten bei der Festlegung des Plankostensatzes. Diese Differenz wird als **Beschäftigungsabweichung** bezeichnet und ist keine echte Kostenabweichung, sondern nur eine Korrektur des Kalkulationssatzes.

Planmenge x Plankostensatz bei Istbeschäftigung (= verrechnete Plankosten)
./. Planmenge x Planpreis bei Istbeschäftigung (= Sollkosten)

= Beschäftigungsabweichung

Positive Beschäftigungsabweichung und negative Verbrauchsabweichung führen im angegebenen Beispiel per Saldo zur „Überdeckung".

Bei Unterbeschäftigung kann sich eine Kostensituation ergeben, wie sie in folgender Abbildung gezeigt wird. Die Istkosten (K_{i2}) sind geringer als die Sollkosten (K_{s2}) (positive Verbrauchsabweichung). Die positive Plan-Ist-Abweichung ($K_p - K_{i2}$) resultiert somit nur teilweise aus dem Rückgang der variablen Plankosten durch Unterschreitung der Planbeschäftigung ($K_{s2} - K_p$). Die Beschäftigungsabweichung ($K_{v2} - K_{s2}$) ist – wie immer bei Unterbeschäftigung – negativ.

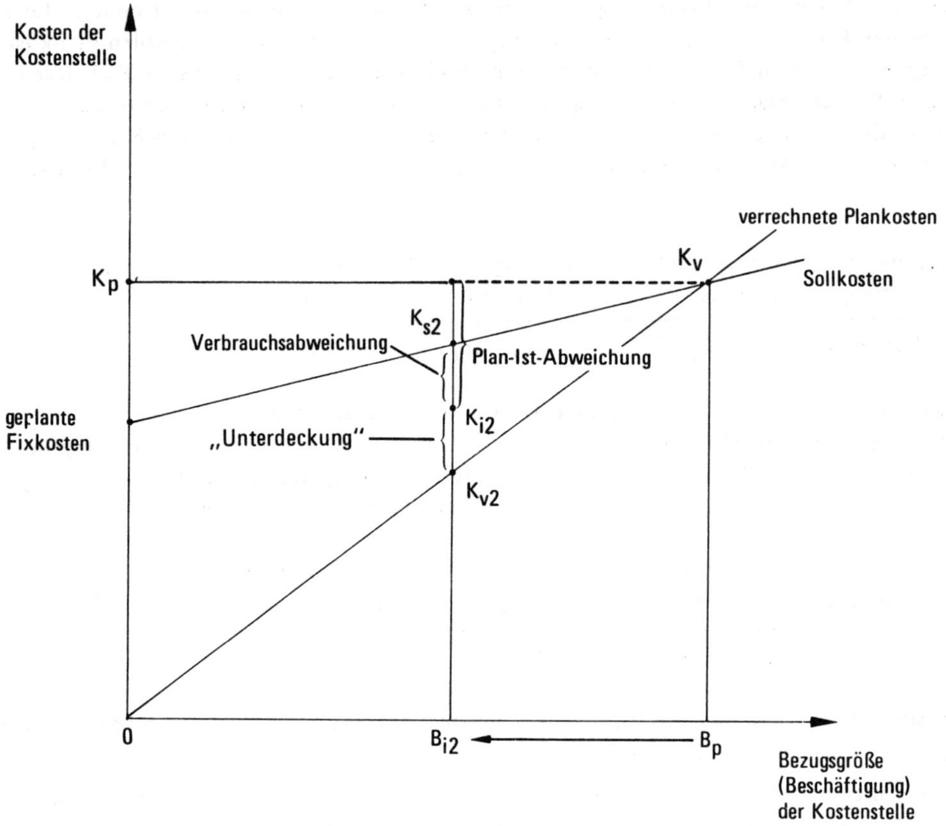

Wird die Kostenstellenrechnung als flexible Plankostenrechnung aufgebaut, besteht also mit Hilfe der Sollkosten die Möglichkeit einer transparenten Kostenkontrolle. Die Konstruktion der Sollkosten geht von den Prämissen aus,

- daß die fixen Kosten für alle Beschäftigungsgrade der Kostenstelle unverändert bleiben, d. h. daß keine stufenfixen Kosten (Kostensprünge) auftreten;
- daß die variablen Kosten sich proportional zur Beschäftigung der Kostenstelle entwickeln.

Preisabweichungen kommen in der obigen Kostenstellenrechnung nicht vor, weil die Kostengüter mit festen Planpreisen bewertet werden. Die oben genannten „Istkosten" ermitteln sich durch Multiplikation der Istmengen mit den Planpreisen. Ansonsten würde die Kostenkontrolle durch Preisänderungen auf den Beschaffungsmärkten verwässert, für die der Kostenstellenleiter nicht verantwortlich gemacht werden kann. Die Preisabweichungen werden deshalb ohne Zurechnung auf Kostenstellen direkt in die Ergebnisrechnung übernommen.

Istmenge x Planpreis (verrechnete „Istkosten" in der Kostenstellenrechnung)
./. Istmenge x Istpreis (effektive Istkosten)

= Preisabweichung

Die Zusammenhänge sollen abschließend am Zahlenbeispiel der Kostenstelle Fuhrpark verdeutlicht werden (vgl. die Kostenplanung für den Fuhrpark auf Seite 54). Die starre **Plankostenrechnung** weist lediglich globale Plan-Ist-Abweichungen aus, wie die Tabelle zeigt.

Kostenstelle Fuhrpark

Nr.	Gemeinkostenarten	Plankosten	Istkosten	Plan-Ist-Abweichungen
40	Personalkosten	14	12	+ 2
41	Miete	—	—	—
42	Sachkosten für Geschäftsräume	—	—	—
43	Betriebliche Steuern	1	1	—
44	Kosten für Werbung	—	—	—
45	Kraftfahrzeugkosten	8	7	+ 1
46	Zinsen	2	2	—
47	Abschreibungen	2	2	—
48	Sonstige Kosten	2	2	—
	Summe der primären Gemeinkosten	29	26	+ 3

Für die Kostenstelle Fuhrpark ergibt sich eine positive Plan-Ist-Abweichung (+ 3 Kosteneinheiten), d. h. die Plankosten sind effektiv unterschritten worden. Für die Kostenkontrolle ist diese Kennzahl wenig aussagefähig, da es darauf ankommt, wie sich die Istbeschäftigung im Verhältnis zur Planbeschäftigung entwickelt hat und wie hoch der Anteil der Fixkosten in dieser Kostenstelle ist. Die **flexible Plankostenrechnung** errechnet zu diesem Zweck die Sollkosten, die in der folgenden Tabelle mit den Istkosten verglichen werden.

Kostenstelle Fuhrpark

Istbeschäftigung		25 km-Einheiten		
Beschäftigungsgrad = $\frac{\text{Istbeschäftigung}}{\text{Planbeschäftigung}}$		71,43 %		
Nr.	Gemeinkostenarten	Sollkosten	Istkosten	Soll-Ist-Abw.
40	Personalkosten	12,0	12	–
41	Miete	–	–	–
42	Sachkosten für Geschäftsräume	–	–	–
43	Betriebliche Steuern	1,0	1	–
44	Kosten für Werbung	–	–	–
45	Kraftfahrzeugkosten	6,3	7	– 0,7
46	Zinsen	2,0	2	–
47	Abschreibungen	1,7	2	– 0,3
48	Sonstige Kosten	2,0	2	–
	Summe der primären Gemeinkosten	25,0	26	– 1,0

Der Rechenansatz der Sollkosten am Beispiel der Personalkosten:

variable Plankosten x Beschäftigungsgrad = variable Sollkosten
7 x 0,7143 = 5,0

variable Sollkosten + fixe Plankosten = Sollkosten
5,0 + 7 = 12,0

Aus der positiven Plan-Ist-Abweichung läßt sich eine negative Soll-Ist-Abweichung (Verbrauchsabweichung) herausfiltern (– 1,0 Kosteneinheiten). Der Kostenstellenleiter Fuhrpark konnte die Istkosten nicht vollständig entsprechend der geringeren Beschäftigung reduzieren.

Interessiert zunächst nur die Soll-Ist-Abweichung der gesamten Gemeinkosten, kann das obige Ergebnis einfacher errechnet werden:

Istbeschäftigung x geplante variable Stückkosten = variable Sollkosten
25 x 0,40 = 10

variable Sollkosten + fixe Plankosten = Sollkosten
10 + 15 = 25

Die Beschäftigungsabweichung wird für die Kostenkontrolle nicht benötigt und aus dem Soll-Ist-Vergleich ausgeklammert.

Fragen:

17. Erläutern Sie das Stufenleiterverfahren zur innerbetrieblichen Leistungsverrechnung, und erklären Sie, wie die Hilfs-Kostenstellen im BAB zweckmäßigerweise angeordnet sein sollen!

18. Warum kann nur die flexible Plankostenrechnung im Vergleich zur Normalkostenrechnung und zur starren Plankostenrechnung eine wirksame Kostenkontrolle gewährleisten? Erklären Sie die Zusammenhänge auch graphisch!

III. Kostenträgerrechnung

Lernziel:

Sie sollen nach dem Studium dieses Abschnittes erkannt haben, welche Kostenträger im Handel als Bezugsobjekte der Kostenträgerrechnung in Betracht kommen.

Daneben sollen Sie einen kurzen Überblick über Aufgaben und Arten der Kostenträgerstückrechnung (Kalkulation) geben können.

Mit der Kostenträgerrechnung schließt sich der Verrechnungskreis der Betriebsabrechnung. Die entstandenen bzw. geplanten Kosten werden im System der Vollkostenrechnung vollständig den Kostenträgern zugerechnet.

1. Kostenträger im Handel

Nachdem die Kostenstellenrechnung die Frage beantwortet hat, wo (Gemein-)Kosten anfallen, klärt die Kostenträgerrechnung, für wen oder was die Kosten entstanden sind. Während in der Industrie im allgemeinen die Produkte als kleinste Leistungseinheiten (= Kostenträger) behandelt werden, hat im Handel eine Kostenverrechnung auf einzelne Waren wegen der anfangs genannten Leistungsverflechtungen und anderer Besonderheiten wenig Gehalt. Deshalb werden im Handel je nach Leistungsprogramm häufig andere Kostenträger gewählt.

a) Warengruppen als Kostenträger

Im allgemeinen werden – statt einzelner Waren – Warengruppen als Kostenträger herangezogen, wenn im Handelsbetrieb eine warengruppenbezogene Abteilungsgliederung nach Sortimentskriterien besteht. Je kleiner und homogener solche Abteilungen gebildet werden, desto einfacher ist die verursachungsgerechte Kostenverrechnung von den Haupt-Kostenstellen.

Besteht keine entsprechende Abteilungsorganisation, finden sich Warengruppen als Kostenträger relativ selten; sie lassen sich jedoch ebenfalls wählen, falls abrechnungstechnische Kriterien gefunden werden, die die Bildung einheitlicher Warengruppen ermöglichen.

Abrechnungstechnische Gliederungsmerkmale für Warengruppen:

- Handelsspanne

Wegen des Umsatz- und Spannendenkens werden in der Praxis Warengruppen manchmal nach der Höhe der Handelsspanne gegliedert. Um die Gemeinkosten richtig, d. h. verursachungsgerecht verrechnen zu können, müßten die verschiedenen Handelsspannen eine entsprechend unterschiedliche Kostenverursachung anzeigen. Das ist jedoch nur der Fall, wenn im Handel eine kostenorientierte Kalkulation der Spannenbildung zugrundeliegt. Wegen der vorherrschenden marktorientierten Kalkulation eignen sich die Handelsspannen nur selten als Gliederungsmerkmal für Warengruppen.

- Kostenspanne

Zweckmäßig erscheint es, die Kostenbelastungen der Waren zu untersuchen und danach abrechnungstechnisch Warengruppen zu bilden. Folgende Faktoren können beispielsweise die Kostenbelastung von Waren beeinflussen:

– die Umschlagsgeschwindigkeit der Waren beeinflußt die Lagerkosten,

– der Raumbedarf,

– die Werbeintensität,

– das Preisrisiko (bei modischen Waren, bei traditionellen Aktionsartikeln usw.),

– die Transportkostenbelastung (schwere oder sperrige Waren).

b) Absatzwege als Kostenträger

Häufig verkaufen Großhandelsbetriebe über mehrere Absatzwege:

- Streckengeschäft
- Lagergeschäft
  - Eigenzustellung,
  - Fremdtransport,
  - Selbstabholer (Cash & Carry).

Die teilweise völlig unterschiedlichen Leistungen des Handelsbetriebes bedingen verschiedenartige Kostenstrukturen, die mit Hilfe der Kostenträgerrechnung transparent gemacht werden können. So sind aus Kosten- und Wettbewerbsgründen Cash & Carry-Preise anders zu kalkulieren als Zustell-Preise.

c) Aufträge als Kostenträger

Insbesondere im Versandhandel werden Aufträge als Kostenträger gewählt. Nach Auftragsgrößenklassen werden unterschiedliche Kalkulationssätze errechnet. Eine solche Kostenträgerrechnung erleichtert die Bestimmung von Untergrenzen für Aufträge bzw. die Kalkulation von Mindermengen-Zuschlägen.

d) Kunden(-gruppen) als Kostenträger

Die wachsende Konzentration in der deutschen Wirtschaft führt dazu, daß häufig mit einer kleinen Anzahl von Kunden ein Großteil der Umsätze erreicht wird. Diese Großkunden erhalten deshalb meist eine Vielzahl von Erlösschmälerungen eingeräumt, über die leicht der Überblick verloren geht, falls nicht eine kunden(-gruppen-)orientierte Kostenträgerrechnung vorgenommen wird. Gleichfalls verlangt der Absatzbereich bei stärkerer Abnehmerspezialisierung nach aussagekräftigen Recheninstrumenten.

2. Aufgaben und Arten der Kostenträgerstückrechnung (Kalkulation)

Die Kostenträgerrechnung gliedert sich in zwei Bereiche:

- **die Kostenträgerstückrechnung (Kalkulation),**
- **die Kostenträgerzeitrechnung (Kurzfristige Erfolgsrechnung).**

Beide Bereiche besitzen in der Kosten- und Leistungsrechnung speziell des Handelsbetriebes so große Bedeutung, daß auf Einzelheiten in gesonderten Teilen des Buches eingegangen wird. Hier sollen zur Vervollständigung der Betriebsabrechnung nur die Aufgaben und Arten der Kalkulation aufgeführt werden.

a) Aufgaben der Kalkulation

Die Kalkulation hat die Hauptaufgabe, Unterlagen zur Planung und Kontrolle preispolitischer Entscheidungen zu liefern.

Die kostenorientierte Preisbildung ist speziell im Handel der Ausnahmefall, die Orientierung an gegebenen Marktpreisen ist vorherrschend. Eine kostenorientierte Kalkulation kommt vor,

- wenn Angebote auf öffentliche Ausschreibungen abgegeben werden sollen (nach den „Leitsätzen für die Preisermittlung aufgrund von Selbstkosten" – LSP –);
- wenn Preisuntergrenzen ermittelt werden sollen, bis zu denen bei Unterbeschäftigung noch Aufträge akzeptiert werden können;
- sie dient insbesondere der Unternehmungsplanung zur Ermittlung geplanter Selbstkosten.

Die besondere Bedeutung einer kostenorientierten Kalkulation besteht im Handel in der Kontrolle einer marktorientierten Preispolitik.

Mit ihrer Hilfe läßt sich eine Vielzahl dispositiver Entscheidungen zur Sortimentspolitik abstützen.

> *Als zweite Aufgabe der Kalkulation wird häufig genannt, Unterlagen zur Bewertung der Bestände an Halb- und Fertigerzeugnissen im Rahmen der Handels- und Steuerbilanz bereitzustellen.*

Diese Aufgabe entfällt im Handel, sofern nicht eine eigene Fertigung an den Handelsbetrieb angegliedert ist. Ohne Fertigung sind keine Herstellungskosten zu ermitteln, da die bezogenen Handelswaren zu Anschaffungskosten bzw. auf Basis niedrigerer Marktpreise bewertet werden.

b) Kalkulationsarten

Kalkulationen können als Vor- oder Nachkalkulationen durchgeführt werden.

- *Unter Vorkalkulation wird die Selbstkostenrechnung mit geplanten oder geschätzten Kosten verstanden.*

Sie wird vor Beginn des Leistungsprozesses erstellt. Sie dient

- zur Preisfestlegung für Aufträge bzw. Submissionen (öffentliche Ausschreibungen),
- zur Prüfung von gebundenen oder empfohlenen Preisen bzw. vorhandener Marktpreise,
- der Kostenplanung als Unterlage für die Unternehmungsplanung.

Teilweise wird begrifflich zwischen auftragsbezogenen Vorkalkulationen und zeitraumbezogenen Plankalkulationen unterschieden.

- *Unter Nachkalkulation wird die Selbstkostenrechnung mit effektiv entstandenen Kosten verstanden.*

Sie wird nach Abschluß des Leistungsprozesses erstellt. Sie dient

- zur Kontrolle der vorkalkulierten Kosten,
- zur Ermittlung der Ergebnisbeiträge der einzelnen Kostenträger als Grundlage der Kurzfristigen Erfolgsrechnung,
- gegebenenfalls zur Bewertung der Halb- und Fertigerzeugnisse.

Auf die einzelnen Kalkulationsverfahren im Handel wird später ausführlich eingegangen.

Fragen:

> 19. Warum werden einzelne Waren im Handel häufig nicht als Kostenträger behandelt, und welche Kostenträger werden statt dessen gewählt?
>
> 20. Erläutern Sie die Unterschiede zwischen Vor- und Nachkalkulation anhand der Aufgabenstellungen!

IV. Beurteilung der Vollkostenrechnung im Handel

Lernziel:

> Die Vollkostenrechnung ist als Ursprungsform der Kosten- und Leistungsrechnung in der Praxis noch immer weit verbreitet.
>
> Der Leser soll nach Abschluß dieses Kapitels in der Lage sein zu beurteilen, welche Aufgaben der Kosten- und Leistungsrechnung die Vollkostenrechnung erfüllen kann und welche nicht. Dabei sollen auch die Unterschiede zwischen den einzelnen Verfahren der Vollkostenrechnung erkannt werden.
>
> Die zutreffende Beurteilung der Vollkostenrechnung und der anschließend behandelten Teilkostenrechnung ist das vielleicht wesentlichste Lernziel im Rahmen der Kosten- und Leistungsrechnung.

Im Rahmen der Betriebsabrechnung wurden folgende Verfahren der Vollkostenrechnung behandelt:

- die Istkostenrechnung
- die Normalkostenrechnung
- die Plankostenrechnung

— starr
— flexibel

Die Bewertung dieser Verfahren soll zeigen, ob und – wenn ja – in welchem Maße die allgemeinen Aufgaben der Kosten- und Leistungsrechnung erfüllt werden können.

① Die Aufgabe der **Kostenerfassung und -zurechnung** auf Kostenträger wird von allen Verfahren der Vollkostenrechnung erfüllt. Den Aufgabenschwerpunkt sieht vor allem die *Istkostenrechnung* in der Dokumentation der effektiv angefallenen Kosten und in ihrer möglichst lückenlosen Verrechnung auf Kostenträger. Die Nachkalkulation der Produkte steht bei der Istkostenrechnung daher im Vordergrund.

② Eine zweckgerechte **Kostenkontrolle** wird demgegenüber von den einzelnen Verfahren in unterschiedlichem Maße erreicht.

● Die *Istkostenrechnung* ermöglicht lediglich Ist-Ist-Vergleiche, die über das Kostengebaren jedoch wenig zuverlässige Informationen liefern.

Gründe für den geringen Informationsgehalt:

– Eine wirksame Kontrolle kann nur auf Basis von vorgegebenen Soll- oder Planwerten erfolgen. Sie fehlen hier.

– Die Istwerte können durch starke Schwankungen einzelner Kosteneinflußfaktoren verfälscht worden sein.

● Die *Normalkostenrechnung* kommt der wirksamen Kostenkontrolle einen Schritt näher, da sie aus den Istkosten der Vergangenheit Durchschnittswerte ermittelt, die sich eher als einzelne Istwerte als Vergleichsmaßstab eignen. Trotzdem bestehen auch hier Gründe, die gegen eine wirksame Kostenkontrolle sprechen:

– Die ausgewiesenen Über- bzw. Unterdeckungen als Abweichungen der Kostenstellen von den verrechneten Normalkosten lassen keine strikten Rückschlüsse auf das Kostengebaren der Kostenstellenleiter zu, da auch hier die Sollgröße als Maßstab fehlt.

– In der dargestellten Form der (starren) Normalkostenrechnung läßt sich auch nicht ermitteln, ob Über- oder Unterdeckungen auf Änderungen des Beschäftigungsgrades der Kostenstellen zurückzuführen sind. Beschäftigungsabweichungen lassen sich hier nicht isolieren, obwohl die Kostenstellenleiter hierfür nicht verantwortlich sind. Allerdings kann die Normalkostenrechnung als flexible Rechnung aufgebaut werden und ähnelt dann der flexiblen Plankostenrechnung.

● Die *Plankostenrechnung* eignet sich am besten zur Kostenkontrolle, weil in diesem Verfahren Planwerte systematisch zukunftsorientiert festgelegt werden, die für die Kostenstellenleiter Sollwerte sind.

– Für die *starre Plankostenrechnung* gilt aber noch das zweite Argument, das gegen die Normalkostenrechnung spricht. Es werden die Abweichungsursachen nicht genügend voneinander getrennt. Die globalen Plan-Ist-Abweichungen besitzen deshalb zu wenig Aussagekraft.

– Erst die *flexible Plankostenrechnung* hat mit dem Ausweis der Soll-Ist-Abweichungen die Möglichkeiten für eine wirksamere Kostenkontrolle geschaffen. Verbrauchs- und Beschäftigungsabweichungen werden auseinandergehalten.

Es gilt jedoch für alle Verfahren der Vollkostenrechnung festzuhalten, daß sämtliche Träger-Gemeinkosten in die Kostenstellenrechnung übernommen und weiterverrechnet werden. Da sich die Träger-Gemeinkosten – wie bereits früher behandelt – wiederum in Stellen-Einzelkosten und Stellen-Gemeinkosten trennen lassen, wird für den Betrachter deutlich, daß die Kostenstellenleiter auch mit Stellen-Gemeinkosten belastet werden. Weil sich die Stellen-Gemeinkosten – wie es der Begriff sagt – nicht unmittelbar zuordnen lassen, werden Schlüsselgrößen gewählt, die zur Leistungserstellung in den Kostenstellen nicht immer in einer verursachungsgerechten Beziehung stehen. Für die Höhe der geschlüsselten Stellen-Gemeinkosten kann der einzelne Kostenstellenleiter jedoch in der Regel nicht verantwortlich gemacht werden.

Es besteht somit die Gefahr, daß auch bei der flexiblen Plankostenrechnung die wirksame Kostenkontrolle zumindest teilweise unterhöhlt wird.

Das gilt insbesondere für den Handel, da gerade in Klein- und Mittelbetrieben des Handels eine sehr enge Arbeitsverbindung besteht. Diese Kostenverbundenheit macht die Zurechnung der Gemeinkosten im Handel häufig viel problematischer als in der Industrie.

(3) Zur Ermittlung des Betriebsergebnisses ist zwangsläufig immer eine Vollkostenrechnung notwendig. Die **kurzfristige Ergebnisrechnung** soll im Handel aber auch transparent machen, auf welche Ursachen und Quellen das Gesamtergebnis zurückgeht, welche Sortimentsteile, welche Vertriebswege, welche Absatzregionen in welcher Höhe zum Ergebnis beigetragen haben.

Die Gefahr der Vollkostenrechnung, zu fehlerhaften Aussagen zu kommen, erwächst aus der angestrebten Scheingenauigkeit, sämtliche Kosten inklusive der geschlüsselten Gemeinkosten auf die Kostenträger zu verrechnen. Die ermittelten Träger-Ergebnisse sind um so ungenauer, je weniger verursachungsgerechte Bezugsgrößen für die jeweiligen Kostenträger gefunden werden können. Da im Handel der Betriebsapparat überwiegend für das Gesamtsortiment zur Verfügung steht, tut sich die Vollkostenrechnung auch bei dieser Aufgabe schwer.

Sollen aufgrund der ermittelten Träger-Ergebnisse gar kurzfristige Entscheidungen gefällt werden, sind folgenschwere Fehlentscheidungen im System der Vollkostenrechnung nicht auszuschließen, wie sich aus der nachfolgenden Überprüfung der vierten Aufgabe der Kosten- und Leistungsrechnung ergibt.

(4) Während bei der Kostenkontrolle und bei der Kurzfristigen Ergebnisrechnung im Rahmen der Vollkostenrechnung mehr oder minder starke Ungenauigkeiten auftreten können, erweisen sich sämtliche Verfahren der Vollkostenrechnung für **dispositive Entscheidungen** als völlig ungeeignet.

Dispositive Entscheidungen sind kurzfristiger Natur, die im Rahmen der vorhandenen Betriebsbereitschaft getroffen werden müssen. Das bedeutet, daß Kosten der Betriebsbereitschaft (= fixe Kosten) als kurzfristig nicht veränderlich zu betrachten sind. Die Vollkostenrechnung besitzt den systemimmanenten Mangel, daß sie sämtliche Gemeinkosten – also auch die darin enthaltenen Fixkostenanteile – über Schlüsselgrößen auf die

Kostenträger verrechnet. Für die Fixkosten besteht jedoch kein Ursache-Wirkungs-Verhältnis zwischen Kosten und Leistung. Bei Erhöhung des Leistungsumfanges (z. B. durch Umsatzsteigerung) erhöhen sich nicht die fixen Kosten und umgekehrt. Genau diesen Effekt bewirkt die Vollkostenrechnung, weil sie mit Hilfe von Gemeinkostensätzen auch die enthaltenen Fixkosten je nach Leistungsgrad verrechnet.

Die Fixkosten werden damit künstlich proportionalisiert.

Die Abbildung zeigt den Zusammenhang grafisch:

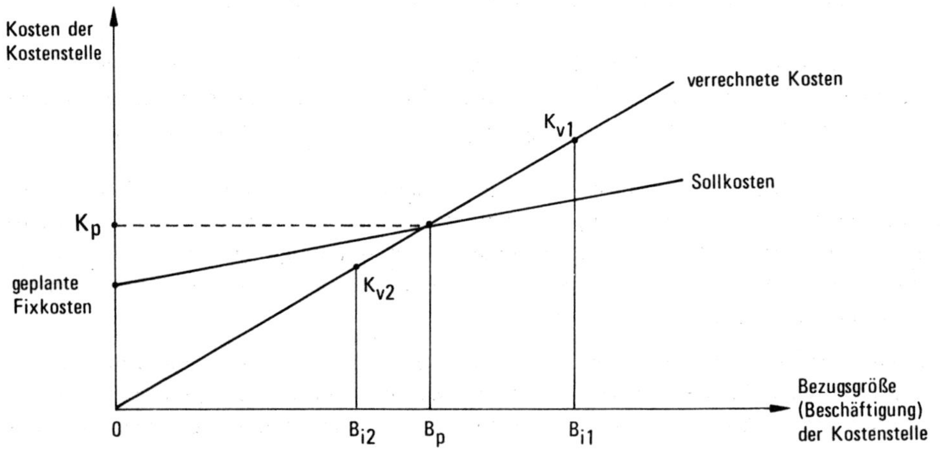

Für einen geplanten Beschäftigungsgrad (Bp) werden fixe und variable Kosten geplant (Kp). Es wird ein Plankostensatz in Höhe von $\overline{OK}_p : \overline{OB}_p$ ermittelt. In Höhe des Plankostensatzes werden die Gemeinkosten der Kostenstelle je nach Beschäftigungsgrad auf die Kostenträger verrechnet. Die Kurve der verrechneten Kosten entwickelt sich proportional zur Bezugsgröße, auch die fixen Kosten werden proportionalisiert.

Es bleibt zunächst festzuhalten: Die Vollkostenrechnung unterstellt nicht nur für die variablen Kosten , sondern auch für die fixen Kosten ein Ursache-Wirkungs-Verhältnis zwischen Kosten und Leistung, das in der Realität nicht besteht.

Kurzfristige Entscheidungen können deshalb negative Wirkungen im System der Vollkostenrechnung haben, weil fixe Kosten fälschlicherweise in die Entscheidungsrechnung eingehen. Als Beleg werden nachfolgend zwei einfache Beispiele angeführt.

Beispiel a): Sortimentsbereinigung

Ein Sortimentsbereich setzt sich aus vier kleineren Produktgruppen zusammen, die als Kostenträger behandelt werden. Die Vollkostenrechnung zeigt dem Bereichsleiter an, daß die Produktgruppe IV Verluste verursacht.

Kurzfristige Ergebnisrechnung Januar–September 19 . . (in 1 000 DM)

Produktgruppe	Umsatzerlöse	Selbstkosten	(Netto-)Ergebnis
I	1 500	1 400	+ 100
II	900	850	+ 50
III	1 200	1 150	+ 50
IV	2 400	2 500	./. 100
Bereich gesamt	6 000	5 900	+ 100

Es wird im Beispiel unterstellt, daß zwischen den Produktgruppen keine Verbundwirkungen bestehen und daß sowohl auf der Absatzseite als auch auf der Beschaffungsseite keine Ergebnisverbesserungen zu erreichen sind. Der Bereichsleiter verspricht sich deshalb, durch kurzfristige Aufgabe der Produktgruppe IV sein Bereichsergebnis zu verdoppeln, weil die Produktgruppen I–III ein Ergebnis von + 200 erbringen. (An die Aufnahme einer neuen Produktgruppe in das Sortiment ist vorerst nicht gedacht.)

Diese Entscheidung im Rahmen der Vollkostenrechnung erweist sich als falsch; das Bereichsergebnis wird negativ beeinflußt.

Ursache: Die von der Produktgruppe IV getragenen Fixkosten fallen nicht weg, sondern belasten wegen der nun höheren Umlage die restlichen Produktgruppen.

Produktgruppe	Umsatzerlöse	variable Kosten	Deckungsbeiträge	Fixkosten	(Netto-) Ergebnis
I	1 500	1 200	+ 300		
II	900	700	+ 200		
III	1 200	950	+ 250		
IV	2 400	2 050	+ 350		
Bereich gesamt	6 000	4 900	+ 1 100	1 000	+ 100

Die obige Deckungsbeitragsrechnung zeigt, welche Wirkungen bei kurzfristiger Sortimentsbereinigung auftreten. Produktgruppe IV hat den höchsten Deckungsbeitrag und trägt somit am meisten zur Abdeckung der Fixkosten und des Gewinns bei. Die Aufgabe dieser Produktgruppe bedeutet einen Fortfall der Deckungsbeiträge von 350 000 DM; das Bereichsergebnis würde negativ (Deckungsbeiträge I–III 750 000 DM ./. Fixkosten 1 000 000 DM = ./. 250 000 DM).

Beispiel b): Verfahrenswahl

Das Entscheidungsproblem kann sich im Industriebetrieb häufig darauf beziehen, welches von mehreren zur Verfügung stehenden Aggregaten für die Fertigung eines Produktes gewählt werden soll **(innerbetriebliche Verfahrenswahl).**

Für den Handelsbetrieb besitzt ein zweiter Entscheidungsaspekt der Verfahrenswahl größere Bedeutung, nämlich die Frage, ob bestimmte Handelsleistungen selbst übernommen werden oder Dritten übertragen werden sollen **(Eigenerstellung** oder **Fremdbezug).**

Der Händler übernimmt bisher selbst die Quantitätsfunktion für eine Produktgruppe, d. h. er kauft in Großeinheiten und packt in abnehmergerechte Verkaufseinheiten um. Neben den Warenkosten entstehen folgende Manipulationskosten (bei 100 Großeinheiten):

– Warenkosten: 60 000 DM,

– Manipulationskosten: 20 000 DM.

Der Lieferant bietet neuerdings an, in Verkaufseinheiten zu liefern:

– Verkaufspreis: 75 000 DM.

Die Entscheidung des Händlers, sofort den günstigeren Fremdbezug zu wählen, wird in der Vollkostenrechnung positiv ausfallen.

Die Teilkostenrechnung errechnet demgegenüber:

– variable Manipulationskosten:	10 000 DM
– fixe Manipulationskosten:	10 000 DM

Kurzfristige Kostenbelastung bei Fremdbezug:

– Einstandskosten:	75 000 DM
– verbleibende Fixkosten:	10 000 DM
– gesamt:	85 000 DM

Die Kosten erhöhen sich somit kurzfristig um 5 000 DM. Die Vollkostenrechnung verursacht kurzfristig eine Fehlentscheidung.

Die Verfahren der Vollkostenrechnung liefern für dispositive Entscheidungen keine zutreffenden Unterlagen. Kurzfristige Untergrenzen werden nicht ermittelt. Von Anhängern der Vollkostenrechnung wird deshalb häufig empfohlen, für dispositive Entscheidungen **Sonderrechnungen** durchzuführen. Dazu wäre es notwendig, nachträglich eine Kostenspaltung in fixe und variable Bestandteile vorzunehmen. Es müßten sämtliche Vollkostensätze der innerbetrieblichen Leistungsverrechnung und sämtliche Vollkostensätze der Haupt-Kostenstellen aufgelöst werden. Solche Sonderrechnungen müßten einerseits ungenau bleiben – will man nicht eine parallele Teilkostenrechnung aufbauen –, andererseits wären sie so zeitaufwendig, daß schnelle Entscheidungen stets behindert würden.

Werden die spezifischen Schwierigkeiten der Vollkostenrechnung im Handel beachtet – wie Kostenverbundenheit, hoher Fixkostenanteil – und zusätzlich die nur begrenzte Aufgabenerfüllung gewürdigt, sind zwar die einzelnen Verfahren der Vollkostenrechnung unterschiedlich zu beurteilen, ist insgesamt gesehen die Vollkostenrechnung im Handel aber nur mit großer Vorsicht anzuwenden.

Fragen:

21. Welche Schwierigkeit haben sämtliche Verfahren der Vollkostenrechnung bei der Kostenkontrolle?

22. Welches ist der Haupt-Kritikpunkt an der Vollkostenrechnung im Rahmen dispositiver Entscheidungen?

C. Verfahren der Teilkostenrechnung im Handel

Lernziel:

Nachdem Sie die Begrenztheit der einzelnen Verfahren der Vollkostenrechnung kennengelernt haben, sollen Sie nach Durcharbeiten dieses Artikels wissen, – wodurch sich Voll- und Teilkostenrechnung unterscheiden, – wie die wichtigsten Verfahren der Teilkostenrechnung aufgebaut sind, – wie die einzelnen Verfahren der Teilkostenrechnung die Aufgaben der Kosten- und Leistungsrechnung im Handel erfüllen.

I. Grundlagen der Teilkostenrechnung

Der Wandel in der Aufgabenstellung der Kosten- und Leistungsrechnung von Dokumentationsaufgaben zu Kontroll- und Entscheidungsaufgaben verursachte es, daß die Kritikpunkte an der Vollkostenrechnung an Gewicht gewannen und die Teilkostenrechnung (Deckungsbeitragsrechnung) als neues Konzept entwickelt wurde.

Der Kosten- und Leistungsbegriff wird in der Teilkostenrechnung unverändert beibehalten. Das gleiche gilt für die vollständige Kostenerfassung in der Kostenartenrechnung.

> *Die deutlichen Unterschiede zur Vollkostenrechnung ergeben sich erst in der Kostenverrechnung, da eine Schlüsselung von Gemeinkosten weitgehend abgelehnt wird.*

Der Begriff Teilkostenrechnung stammt daher, weil nur ein Teil der Gesamtkosten – die direkt zurechenbaren Kosten – weiterverrechnet werden. Die verbleibenden indirekten Kosten müssen vom Sortiment in seiner Gesamtheit getragen werden.

Unterschiedliche Auffassungen über die zweckmäßige Einteilung der Gesamtkosten in direkt und nicht direkt zurechenbare Kosten haben zwei Grundarten von Teilkostenrechnungen entstehen lassen:

- **Trennung in variable und fixe Kosten** (Grenzplankostenrechnung, Direct costing),
- **Trennung in Einzel- und Gemeinkosten** (Einzelkostenrechnung).

Beide Kostengliederungen überschneiden sich:

	Einzelkosten	Gemeinkosten
variable Kosten	variable Einzelkosten	variable Gemeinkosten
fixe Kosten	fixe Einzelkosten	fixe Gemeinkosten

Von der Vielzahl weiterer Varianten der Teilkostenrechnung wird hier abgesehen mit Ausnahme der stufenweisen Fixkostendeckungsrechnung (mehrstufiges Direct costing), die als Fortentwicklung der Grenzplankostenrechnung behandelt wird.

Im Prinzip kann die Teilkostenrechnung im Rahmen der

- Istkostenrechnung,
- Normalkostenrechnung,
- Plankostenrechnung

realisiert werden. Da es aber wesentliche Aufgabe der Teilkostenrechnung ist, Entscheidungsgrundlagen bereitzustellen, wird die Teilkostenrechnung in der Praxis im allgemeinen mit der Unternehmensplanung verbunden sein und als Plankostenrechnung durchgeführt werden.

II. Die Grenzplankostenrechnung (einstufiges Direct costing) und ihre Anwendung

1. Prämissen

Die Grenzplankostenrechnung wurde folgerichtig aus der Plankostenrechnung auf Vollkosten-Basis weiterentwickelt:

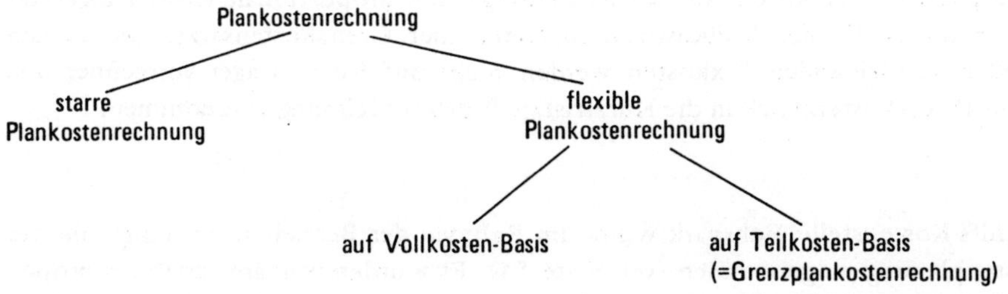

Mit dem Ziel einer wirksamen Kostenkontrolle wurde bereits in der flexiblen Plankostenrechnung auf Vollkosten-Basis eine Trennung der variablen von den fixen Kosten vorgenommen. Die Kostenspaltung diente hier allerdings nur der Abweichungsanalyse. Für die

Kostenverrechnung wurden weiterhin die Vollkostensätze herangezogen.

Auch für die Grenzplankostenrechnung gelten die **Prämissen**,

- daß die fixen Kosten für alle Beschäftigungsgrade innerhalb einer Abrechnungsperiode unverändert bleiben, d. h. keine stufenfixen Kosten auftreten ,
- daß die variablen Kosten sich proportional zur Beschäftigung entwickeln. Für jede zusätzliche Beschäftigungseinheit wachsen die variablen Kosten somit um den gleichen Betrag.

Die zusätzlichen Kosten bei Ausdehnung der Beschäftigung werden auch als Grenzkosten bezeichnet. Hieraus resultiert die Bezeichnung „Grenzplankostenrechnung". In diesem Kostenrechnungssystem lassen sich die **Begriffe**

- **variable (Stück-)Kosten,**
- **proportionale (Stück-)Kosten,**
- **Grenzkosten**

gleichsetzen.

In den USA wurde bereits früher als in Deutschland ein ähnliches Verfahren der Teilkostenrechnung begründet: das **Direct costing.** Da keine grundlegenden Unterschiede zur Grenzplankostenrechnung bestehen, wird auf eine gesonderte Behandlung des Direct costing verzichtet.

Namensgeber der Grenzplankostenrechnung ist der Unternehmensberater *Plaut*, der seit den fünfziger Jahren maßgeblich zur Verbreitung dieses Verfahrens in der Praxis beigetragen hat. Eine umfassende Darstellung der Grenzplankostenrechnung in Theorie und Praxis stammt von *Kilger.*

2. Kostenverrechnung und -kontrolle

Die gemeinsamen Grundlagen der Grenzplankostenrechnung mit der flexiblen Plankostenrechnung (auf Vollkosten-Basis) wurden bereits innerhalb der Betriebsabrechnung dargestellt. Entscheidend für die Grenzplankostenrechnung ist es, daß sowohl bei der Verrechnung innerbetrieblicher Leistungen auf nachgeordnete Kostenstellen als auch bei der Verrechnung der Gemeinkosten auf die Kostenträger nur proportionale Kosten angesetzt werden. An die Stelle der Vollkostensätze treten hier Grenzkostensätze. Die in den Kostenstellen verbleibenden Fixkosten werden nicht auf Kostenträger verrechnet und geschlossen als Fixkostenblock in die Kurzfristige Ergebnisrechnung übernommen.

Beispiel:

Für die Hilfs-Kostenstelle Fuhrpark wurde im Rahmen der Betriebsabrechnung eine flexible Kostenplanung vorgenommen (vgl. Seite 54). Es wurden primäre variable = proportionale Stückkosten in Höhe von 0,40 DM/km errechnet. Gegebenenfalls sind noch sekundäre proportionale Stückkosten zu addieren, falls Hilfs-Kostenstellen vorgelagert sind und innerbetriebliche Leistungen an die Kostenstelle Fuhrpark abgeben. Der Grenzkostensatz der Kostenstelle errechnet sich somit aus primären und sekundären Grenzkosten.

Wegen der Nichtberücksichtigung primärer und sekundärer Fixkosten entfällt bei der Kostenkontrolle die Beschäftigungsabweichung,

die in der Vollkostenrechnung nur deshalb entsteht, weil bei Änderungen des Beschäftigungsgrades zu viel oder zu wenig Fixkosten verrechnet werden. Die Festlegung der Planbeschäftigung verliert deshalb im Vergleich zur Vollkostenrechnung an Bedeutung.

Die folgende Abbildung gibt einen **Vergleich zwischen flexibler Plankostenrechnung auf Vollkosten- und auf Teilkostenbasis.** Es zeigt sich, daß nur in der Vollkostenrechnung eine Beschäftigungsabweichung als Differenz zwischen verrechneten (Voll-)Kosten und Sollkosten ausgewiesen wird. In der Teilkostenrechnung werden demgegenüber nur die Grenzkosten verrechnet; eine Beschäftigungsabweichung wird nicht ausgewiesen. **Es wird lediglich die für die Kostenkontrolle ausschlaggebende Verbrauchsabweichung (Soll-Ist-Abweichung) der Kostenstelle ermittelt.**

Die Sollkosten erhält man, indem zu den verrechneten Grenzkosten die geplanten Fixkosten addiert werden. Anschließend werden die Sollkosten mit den Istkosten verglichen. Im vorliegenden Fall wurden mehr Kostengüter verbraucht, als nach der flexiblen Kostenplanung zu erwarten war.

Wie aus der Abbildung hervorgeht, kommen beide Verfahren der flexiblen Plankostenrechnung bei der Kostenkontrolle mit Hilfe der Soll-Ist-Abweichungen zum selben Ergebnis. Lediglich die Methodik der Kostenverrechnung und -kontrolle ist unterschiedlich.

Flexible Plankostenrechnung auf Vollkostenbasis

Flexible Plankostenrechnung auf Teilkostenbasis (Grenzplankostenrechnung)

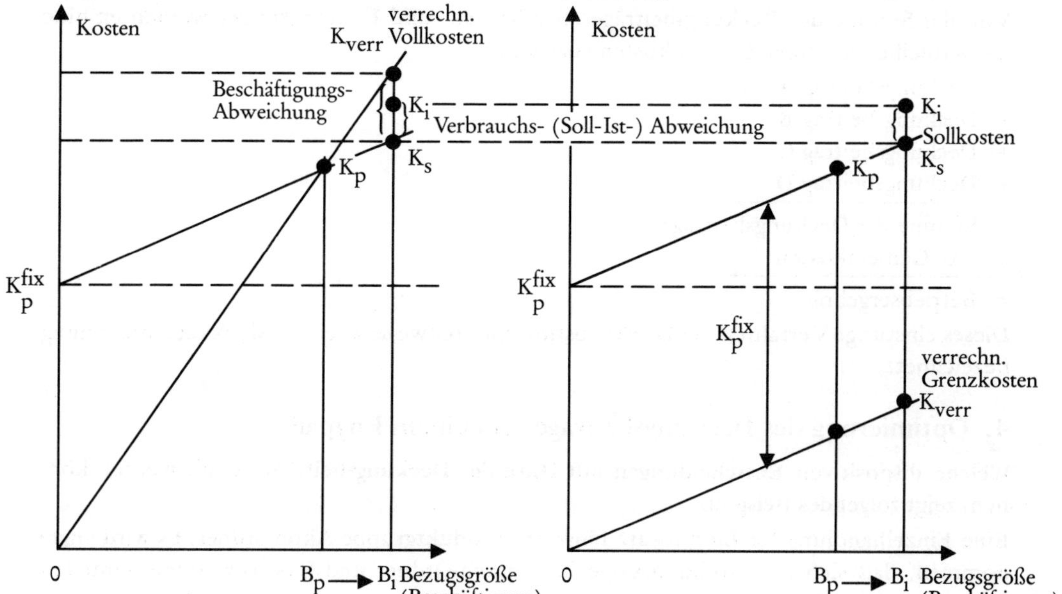

Preisabweichungen werden – ebenso wie in der flexiblen Plankostenrechnung auf Vollkosten-Basis – in den Kostenstellen nicht ausgewiesen, weil Sachgüter und Arbeitsleistungen mit **festen Verrechnungspreisen** bewertet werden. Grundlage der Verrechnungspreise sind meistens die in der jährlichen Unternehmungsplanung angesetzten Planpreise bzw. Plangehälter.

Frage:

23. Welche Unterschiede und Gemeinsamkeiten bestehen in der Kostenkontrolle zwischen der flexiblen Plankostenrechnung auf Vollkostenbasis und der auf Teilkostenbasis (= Grenzplankostenrechnung)?

3. Kurzfristige Ergebnisrechnung

Ebenso wie in der Kostenstellenrechnung nur proportionale Kosten verrechnet werden, werden auch in der **Kostenträgerrechnung** nur proportionale Kosten berücksichtigt. Dazu zählen einerseits die unmittelbar aus der Kostenrechnung übernommenen Einzelkosten und die per Grenzkostensatz verrechneten proportionalen Gemeinkosten. Die Einzelkosten werden also in ihrer Gesamtheit als proportional betrachtet.

Das **Grundschema der Kurzfristigen Ergebnisrechnung** im System der Grenzplankostenrechnung hat deshalb folgendes Aussehen:

Umsatzerlöse (Kostenträger) A
./. Einzelkosten A
./. proportionale Gemeinkosten A

= Deckungsbeitrag A

Von der Summe der Deckungsbeiträge aller Kosten- und Leistungsträger werden en bloc die verbleibenden fixen Gemeinkosten abgezogen:

Deckungsbeitrag A
\+ Deckungsbeitrag B
\+ Deckungsbeitrag C
\+ Deckungsbeitrag D

Summe der Deckungsbeiträge
./. fixe Gemeinkosten

= Betriebsergebnis

Dieses einstufige Verfahren des Direkt costing wird teilweise auch als Blockkostenrechnung bezeichnet.

4. Optimierung des Deckungsbeitrages bei einem Engpaß

Welche **dispositiven Entscheidungen mit Hilfe der Deckungsbeiträge** gefällt werden können, zeigt folgendes **Beispiel:**

Eine Einzelhandlung für Bürobedarf führt die Produktgruppe Aktenordner. Es wird angenommen, daß sich die Produktgruppe in Einfach-Ordner und Exklusiv-Ordner einteilen läßt. Ein Verkaufsgespräch für die Einfach-Ordner beträgt im Durchschnitt 5 Minuten, für die Exklusiv-Ordner 10 Minuten.

Angaben per Monat Oktober 19. . :

	Einfach-Ordner	Exklusiv-Ordner
(1) Verkaufspreis/Stck. (DM)	5,–	8,–
./. (2) proportionale Stückkosten (DM)	2,50	5,–
= (3) Deckungsbeitrag/Stck. (DM)	2,50	3,–
(4) Deckungsgrad = (3) : (1) = Deckungsbeitrag in % v. Umsatz (DBU)	50 %	37,5 %
(5) Absatzmenge/Monat (Stck.)	1 000	400
(6) Umsatzerlöse/Monat = (1) x (5)	5 000	3 200
./. (7) proportionale Kosten/Monat = (2) x (5)	2 500	2 000
= (8) Deckungsbeitrag/Monat	2 500	1 200

Die Verkäufer sollen informiert werden, welcher Ordner im Verkauf zukünftig zu fördern ist. Da die Vollkostenrechnung keine geeignete Entscheidungsgrundlage liefert, wurde obige Deckungsbeitragsrechnung vorgenommen.

(a) Der **Verkaufspreis** (Zeile 1) bzw. der **Monatsumsatz** (Zeile 6) entsprechen zwar traditionellem Handelsdenken, sind für die Sortimentspolitik aber ungeeignet, da die zurechenbaren Kosten unberücksichtigt bleiben.

(b) Der **periodenbezogene Deckungsbeitrag** (Zeile 8) eignet sich nicht als Kriterium der Sortimentspolitik, da er von den vergangenen Absatzmengen beeinflußt wird.

(c) Der **stückbezogene Deckungsbeitrag** (Zeile 3) ist in der Regel ausschlaggebend, falls der Kunde eine bestimmte Anzahl an Aktenordnern wünscht. Die Exklusiv-Ordner sind in diesem Regelfall zu forcieren.

(d) Der **relativ auf den Umsatz bezogene Deckungsbeitrag** (Zeile 4) wird in der Praxis häufig als Entscheidungskriterium verwendet. Damit wird zwar die Umsatzrentabilität verbessert, nicht jedoch das Betriebsergebnis optimiert.

Verlangt der Kunde 10 Aktenordner, und der Verkäufer orientiert sich erfolgreich am Deckungsgrad, entgehen dem Betrieb 5 DM Gewinn:

– Einfach-Ordner: 10 x 2,50 DM = 25 DM Deckungsbeitrag,
– Exklusiv-Ordner: 10 x 3,00 DM = 30 DM Deckungsbeitrag.

Der DBU ist nur dann entscheidungsrelevant, wenn der Kunde über einen festen Einkaufsetat verfügt, z. B. 80 DM:

– Einfach-Ordner: 16 x 2,50 DM = 40 DM Deckungsbeitrag,
– Exkluxiv-Ordner: 10 x 3,00 DM = 30 DM Deckungsbeitrag.

In diesem Fall ist die Kaufsumme der Engpaß. In der Regel ist demgegenüber die Nachfragemenge der Engpaß.

(e) Dazu noch ein Beispiel bei Überbeschäftigung der Einzelhandlung. In Stoßzeiten stehen zu wenig Verkäufer dem Kundenandrang gegenüber. Die Verkaufszeit ist der Engpaß:

– Einfach-Ordner:	12 Stück/Std. (bei 5 Minuten Verkaufszeit)
	x 2,50 DM = 30 DM/Std. Deckungsbeitrag,
– Exklusiv-Ordner:	6 Stück/Std. (bei 10 Minuten Verkaufszeit)
	x 3,– DM = 18 DM/Std. Deckungsbeitrag.

In diesem Fall sollten die Verkäufer – wie auch im Fall (d) – die Einfach-Ordner fördern.

Ergebnis: Ausschlaggebend für die kurzfristige Sortimentspolitik und andere dispositive Entscheidungen ist immer der Deckungsbeitrag je Engpaßeinheit.

Frage:

24. Zu welchen Entscheidungssituationen sind die folgenden Kennzahlen anzuwenden: Deckungsbeitrag/Monat, Deckungsbeitrag/Stück, Deckungsbeitrag in % vom Umsatz (DBU), Deckungsbeitrag/Arbeitsstunde, Nettoergebnis (= Vollkostenergebnis)?

5. Optimierung des Deckungsbeitrages bei mehreren Engpässen

Schwieriger wird die Optimierung der Deckungsbeiträge, wenn nicht nur **ein** Engpaß, sondern zwei oder mehr Eingpässe vorhanden sind, die in einem gemeinsamen Leistungsprozeß auftreten. Solche Engpässe können absatzwirtschaftlicher, beschaffungswirtschaftlicher, finanzwirtschaftlicher oder produktionstechnischer Natur sein.

a) Graphischer Lösungsweg

Relativ einfach kann die Anwendung der Deckungsbeitragsrechnung am Beispiel eines Verarbeitungsbetriebes dargestellt werden, der zwei Produkte auf mehreren Maschinen herstellt. In diesem Zweigüterfall kann das DB-Optimum graphisch bestimmt werden.

Beispiel:

– Deckungsbeitrag/Stück

Produkt 1	: 2,50 DM
Produkt 2	: 3,00 DM

– maximale Produktionskapazitäten (Engpässe!)

Maschine A	: 1000 Stunden
Maschine B	: 1000 Stunden
Maschine C	: 320 Stunden

– die Produkte 1 und 2 müssen bei der Herstellung alle drei Maschinen durchlaufen; sie benötigen folgende Bearbeitungszeiten je Stück (in Fertigungsstunden):

	Bearbeitunsgszeiten	
	Produkt 1	Produkt 2
Maschine A	2	5
Maschine B	5	4
Maschine C	2	1

Zur Bestimmung des optimalen Produktionsprogrammes wird zunächst festgestellt, welche Produktionsmengen auf den Maschinen maximal hergestellt werden könnten. Dazu wird die Kapazität der Maschinen durch die Bearbeitungszeiten der jeweiligen Produkte dividiert:

Maschine A $= \frac{1\,000 \text{ Std.}}{2 \text{ Std./St.}} = 500$ Stück Produkt 1 oder

$\frac{1\,000 \text{ Std.}}{5 \text{ Std./St.}} = 200$ Stück Produkt 2

Maschine B $= \frac{1\,000 \text{ Std.}}{5 \text{ Std./St.}} = 200$ Stück Produkt 1 oder

$\frac{1\,000 \text{ Std.}}{4 \text{ Std./St.}} = 250$ Stück Produkt 2

Maschine C $= \frac{320 \text{ Std.}}{2 \text{ Std./St.}} = 160$ Stück Produkt 1 oder

$\frac{320 \text{ Std.}}{1 \text{ Std./St.}} = 320$ Stück Produkt 2

Diese Werte werden in einem Koordinatensystem auf den Achsen abgetragen und jeweils linear miteinander verbunden. Die drei Geraden zeigen die **Kapazitätslinien der drei Maschinen** (vgl. die folgende Abbildung). Alle Mengenkombinationen Produkt 1/Produkt 2 oberhalb der jeweiligen Kapazitätslinien sind produktionstechnisch wegen der begrenzten Kapazitäten nicht realisierbar.

Insgesamt gesehen erweisen sich nur solche Mengenkombinationen als möglich, die innerhalb der Begrenzungen aller drei Kapazitätslinien liegen. Dieses umrahmte Fünfeck wird als **Möglichkeitsgebiet** bezeichnet.

Welcher der technisch möglichen Mengenkombinationen wirtschaftlich optimal ist, hängt von den Stück-Deckungsbeiträgen der hergestellten Produkte ab. Zur graphischen Optimierung wird eine **so-Deckungsbeitragslinie** gezeichnet. Sie zeigt alle Mengenkombinationen P.1/P.2, die zu einem gleich hohen Gesamt-Deckungsbeitrag führen. Bei einem Gesamt-Deckungsbeitrag in Höhe von beispielsweise 750 DM könnten entweder 300 Stück P. 1 $\left(\frac{750 \text{ DM}}{2{,}50 \text{ DM}}\right)$ oder 250 Stück P. 2 $\left(\frac{750 \text{ DM}}{3{,}- \text{ DM}}\right)$ verkauft werden. Werden beide Werte auf den Achsen abgetragen und linear verbunden, entsteht eine Iso-DB-Kurve mit dem Wert 750 DM. Der Verlauf bzw. das Anstiegsmaß der Kurve hängt offensichtlich vom Verhältnis der beiden Stück-Deckungsbeiträge ab, im Beispiel $\frac{3{,}00 \text{ DM}}{2{,}50 \text{ DM}} = 1{,}2 : 1$.

Mit unterschiedlichen Gesamt-Deckungsbeiträgen (z. B. 375 DM oder 1 500 DM) können weitere Iso-DB-Linien in das Koordinatensystem eingezeichnet werden, die alle dasselbe Anstiegsmaß von 1,2 : 1 besitzen. Somit können durch Parallelverschiebungen eine Vielzahl weiterer Iso-DB-Kurven entstehen. Je weiter diese Linien vom Koordinatenursprung entfernt sind, desto höher ist der zugehörige Gesamt-Deckungsbeitrag.

Gesucht wird nun diejenige Iso-DB-Linie, die zwar noch technisch realisierbar ist, aber einen möglichst hohen DB repräsentiert. Das ist die Linie, die das Möglichkeitsgebiet tangiert. Der Tangentialpunkt T zeigt die optimale Mengenkombination der beiden Produkte.

> **Graphische Lösung:**
>
> Bei Produktion und Absatz von rund 60 Stück Produkt 1 und rund 175 Stück Produkt 2 wird der maximale Gesamt-Deckungsbeitrag erreicht.
>
> Gesamt-DB = 2,50 DM x 60 + 3,00 DM x 175 = 675 DM

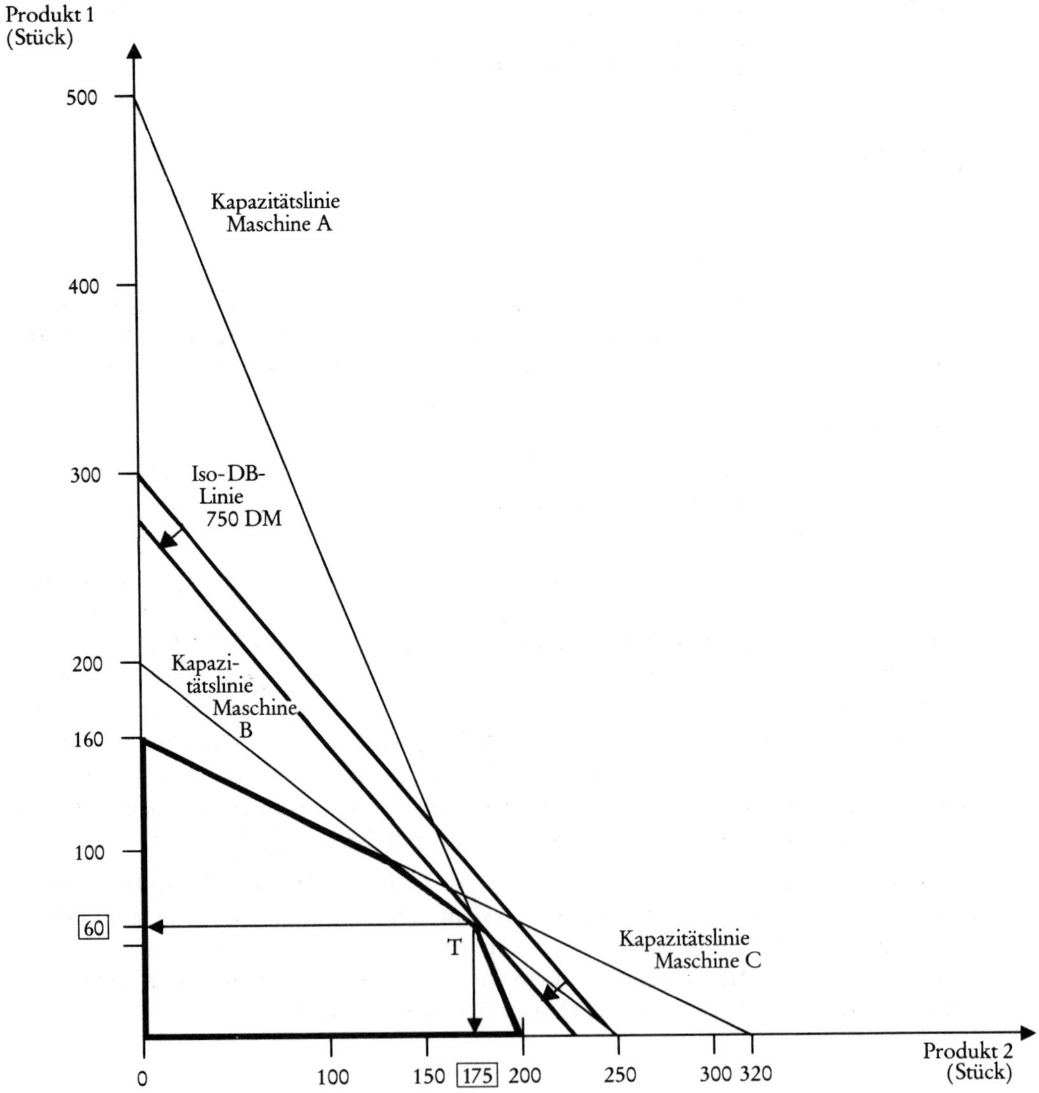

b) Lineares Gleichungsverfahren

Bei drei und mehr Produkten ist eine graphische Lösung nicht mehr möglich. In diesem Fall muß ein lineares Gleichungssystem erstellt werden, ähnlich wie es bereits bei der innerbetrieblichen Leistungsverrechnung (Abschnitt BII 3) erwähnt wurde.

Das Gleichungssystem hat im vorliegenden Beispiel das folgende Aussehen.

Zielfunktion:

Gesamt-DB = 2,50 DM x M_1 + 3 DM x M_2 → Maximum!

Nebenbedingungen:

Maschine A: 2 Std. x M_1 + 5 Std. x M_2 $\leqslant$ 1000 Std.,
Maschine B: 5 Std. x M_1 + 4 Std. x M_2 $\leqslant$ 1000 Std.,
Maschine C: 2 Std. x M_1 + 1 Std. x M_2 $\leqslant$ 320 Std.;

Nicht-Negativitätsbedingungen:

$M_1 \geqslant 0$,
$M_2 \geqslant 0$.

M_1 und M_2 bezeichnen die hergestellten Mengen von Produkt 1 und Produkt 2.

Die Zielfunktion besagt, daß der Gesamt-Deckungsbeitrag maximiert werden soll. Die Nebenbedingungen drücken als Ungleichungen aus, daß die Produktionskapazitäten der drei Maschinen nicht überlastet werden dürfen, jedoch Leerkapazitäten auftreten können. Die Nicht-Negativitätsbedingungen fordern, daß keine negativen Produktionsmengen entstehen dürfen, weil sie betriebswirtschaftlich und produktionstechnisch sinnlos sind.

Das Gleichungssystem kann mit Hilfe der SIMPLEX-Methode gelöst werden. Zu diesem Zweck ist eine Matrix zu erstellen, die in mehreren Rechenoperationen (Iterationen) umgeformt wird. Eine manuelle Errechnung des optimalen Produktionsprogrammes ist äußerst schwierig (vgl. die Darstellung bei *Däumler/Grabe,* Kostenrechnung 2). Deshalb sollten entsprechende SIMPLEX-Programme der EDV-Anbieter verwendet werden. Es ergibt sich das folgende genaue Ergebnis:

Optimales Produktionsprogramm:

M_1 = 58,82 Stück,
M_2 = 176,47 Stück,
maximaler DB = 676,46 DM,

Kapazitätsauslastung
– Maschine A: 1 000 Std.,
– Maschine B: 1 000 Std.,
– Maschine C: 294,12 Std.

III. Die stufenweise Fixkostendeckungsrechnung (mehrstufiges Direct costing)

Alleiniges Kriterium der Kostenspaltung in der Grenzplankostenrechnung ist die Beschäftigungsabhängigkeit der Kosten. Den Fixkosten wird vergleichsweise geringe Beachtung geschenkt, da sie kurzfristig nicht abbaufähig sind. Sie werden als homogener Block in die Kurzfristige Ergebnisrechnung übernommen.

Die wachsende Bedeutung der Fixkosten insbesondere auch im Handel macht es jedoch erforderlich, den Fixkostenblock nach der Zurechenbarkeit auf die Kostenträger zu differenzieren. *Agthe* und *Mellerowicz* schlagen eine stufenweise Fixkostendeckungsrechnung vor, die in den USA als mehrstufiges Direct costing in ähnlicher Weise bekannt ist.

In einer Artikelergebnisrechnung des Handels können je nach Sortimentsgestaltung verschiedene Fixkostenstufen gebildet werden, wobei ausdrücklich auf eine Schlüsselung verzichtet wird:

(a) Artikel-Fixkosten

Sie werden nur ermittelt, falls die Kostenträgerrechnung detailliert bis zum einzelnen Artikel durchgeführt wird. Hierunter fallen kalkulatorische Abschreibungen und Zinsen für Teile der Geschäftseinrichtung, die ausschließlich für einzelne Artikel zur Verfügung stehen.

Gegebenenfalls sind artikelspezifische Fixkosten der Manipulation hier anzusetzen.

(b) Artikelgruppen-Fixkosten

Diese Fixkosten sind nur ganzen Artikelgruppen zurechenbar, wie z. B. Kapitalkosten für Tiefkühltruhen für die Artikelgruppe „Tiefkühlkost“.

(c) Bereichs-Fixkosten

Hierzu gehören beispielsweise die Gehälter (inklusive Nebenkosten) der Abteilungs- bzw. Bereichsleiter (für Fleisch-, Obst und Gemüse-Abteilung).

(d) Sortiments-Fixkosten (Unternehmungs-Fixkosten)

Die verbleibenden Fixkosten sind nicht direkt zurechenbar. Sie sind deshalb auch nur dem gesamten Sortiment bzw. der Gesamtunternehmung zuzuordnen.

Der Aufbau einer stufenweisen Fixkostendeckungsrechnung soll an einem Zahlenbeispiel demonstriert werden. Die stufenweise Zuordnung der Fixkosten zeigt deutlich den Unterschied zur Vollkostenrechnung. Dort werden sämtliche Fixkosten auf die einzelnen Artikel zugerechnet und ein Nettoergebnis des Artikels errechnet. Die stufenweise Fixkostendeckungsrechnung ist demgegenüber praxisgerechter, weil auf die – insbesondere im Handel – problematische Schlüsselung der Fixkosten verzichtet wird. Da das Zurechnungsobjekt von Stufe zu Stufe erweitert wird, besteht die Möglichkeit, einen beachtlichen Teil der Fixkosten stufenweise direkt zuzurechnen.

Kurzfristige Filial-Ergebnisrechnung als stufenweise Fixkostendeckungsrechnung

	Verkaufsgebiet 1							Verkaufsgebiet 2									
	Bezirk 11			Bezirk 12		Bezirk 13		Bezirk 21		Bezirk 22			Bezirk 23				Gesamtbetrieb
Filialen:	111	112	113	121	122	131	132	211	212	221	222	223	231	232	233	234	
Umsatzerlöse	x	x	x	x	x	x	x	x	x	x	x	x	x	x	x	x	x
- Warenkosten	x	x	x	x	x	x	x	x	x	x	x	x	x	x	x	x	x
= Rohertrag = DB I	x	x	x	x	x	x	x	x	x	x	x	x	x	x	x	x	x
- beeinflußbare Fixkosten der Filiale	x	x	x	x	x	x	x	x	x	x	x	x	x	x	x	x	x
= Filialleiter-DB II	x	x	x	x	x	x	x	x	x	x	x	x	x	x	x	x	x
- nicht beeinflußbare Fixkosten d. Filiale	x	x	x	x	x	x	x	x	x	x	x	x	x	x	x	x	x
= Filial-DB III	x	x	x	x	x	x	x	x	x	x	x	x	x	x	x	x	x
Σ der Filial-DB III	x			x		x		x		x			x				x
- Fixkosten des Bezirks	x			x		x		x		x			x				x
= Bezirks-DB IV	x			x		x		x		x			x				x
Σ der Bezirks-DB IV	x							x									x
- Fixkosten des Verkaufsgebietes	x							x									x
= Gebiets-DB V	x							x									x
- Fixkosten der Zentrale																	
= Betriebsergebnis																	

Die Aufspaltung der Fixkosten muß nicht zwangsläufig nach Artikeln vorgenommen werden. Es sind alle entscheidungsrelevanten Zurechnungsobjekte anwendbar, beispielsweise Filialen bzw. Niederlassungen in mehrstufigen Handelsbetrieben. Die vorstehende Abbildung zeigt eine Filial-Ergebnisrechnung auf Deckungsbeitragsbasis.

In der kurzfristigen Filial-Ergebnisrechnung werden zur Vereinfachung nur die Warenkosten als proportionale Kosten angesetzt. Der Rohertrag ist in diesem Fall der Deckungsbeitrag I, wie es im Handel häufig praktiziert wird. In der Filiale ist der einzelne Marktleiter nur für den Teil der direkt zurechenbaren Fixkosten verantwortlich, den er selbst beeinflussen kann. Der Filialleiter-DB II ist deshalb Beurteilungsmaßstab für den einzelnen Marktleiter.

Die übrigen Fixkosten der Filiale werden von der Zentrale beeinflußt und in der nächsten Stufe der Deckungsbeitragsrechnung berücksichtigt. Der sich daraus errechnende Filial-DB III ist zur Beurteilung der Ertragskraft des Marktes von Interesse; eine wichtige Kennzahl, weil Filialisten ständig unrentabel gewordene Märkte zugunsten rentabler neuer Standorte abtauschen müssen, um wettbewerbsfähig bleiben zu können.

In der nächsten Stufe werden die Filial-Deckungsbeiträge je Bezirk zusammengefaßt und die direkt zurechenbaren Fixkosten des Bezirks abgezogen. Der Bezirks-DB ist ein wichtiger Beruteilungsmaßstab für den Bezirksleiter. Gleiches gilt für den Deckungsbeitrag des Verkaufsgebietes, will man den Gebietsverkaufsleiter beurteilen.

Im letzten Rechenschritt werden die Fixkosten der Zentrale erfaßt. Sie werden in der stufenweisen Fixkostendeckungsrechnung bewußt nicht auf die Filialen geschlüsselt.

Um die Leistungsfähigkeit der Markt-, Bezirks- und Gebietsverkaufsleiter beurteilen zu können, sagt der Vergleich der Ist-Deckungsbeiträge allerdings relativ wenig aus.

Der Filialleiter mit dem höchsten Deckungsbeitrag II muß nicht der erfolgreichste Leiter sein. Er kann vielmehr durch einen zentralen City-Standort, Sortimentsstruktur, große Verkaufsfläche oder kurze Lieferwege von der Zentrale begünstigt sein.

Aussagekräftig ist deshalb nur eine Plankostenrechnung. Die Filialleiter werden daran gemessen, inwieweit sie die Plan-Deckungsbeiträge erreichen. Die Abweichungsanalyse muß die Deckungsbeitragsrechnung ergänzen (vgl. Abschnitt V).

Frage:

25. Bauen Sie das Grundschema einer stufenweisen Fixkostendeckungsrechnung für einen Filialbetrieb des Handels auf!

IV. Die Einzelkostenrechnung

Im Gegensatz zur Grenzplankostenrechnung und zur stufenweisen Fixkostendeckungsrechnung knüpft die Einzelkostenrechnung nicht an die Kostenspaltung nach der Beschäftigungsabhängigkeit in variable und fixe Kosten an.

Gliederungskriterium der Einzelkostenrechnung ist die Zurechenbarkeit von Kosten und Erlösen auf Bezugsobjekte; eindeutig zurechenbare Kosten sind Einzelkosten des Bezugsobjektes.

Die Einteilung in Einzel- und Gemeinkosten hängt somit von der Wahl eines oder mehrerer Bezugsgrößen im jeweiligen Handelsbetrieb ab. Eine wichtige Bezugsgröße wird wie in der Grenzplankostenrechnung das Sortiment mit seinen Produktgruppen sein. Daneben können in der Einzelkostenrechnung weitere Bezugsgrößen wie Filialen, Absatzgebiete, Kundengruppen oder Absatzwege gewählt werden.

Beispiel:

In einem Handelsbetrieb wird eine Deckungsbeitragsrechnung nach Produktgruppen und nach Kundengruppen benötigt. Die Verkäufer sind im Außendienst für das gesamte Sortiment zuständig; sie werden jeweils für eine einzelne Kundengruppe eingesetzt.

Die Personalkosten des Außendienstes sind den Produktgruppen nicht unmittelbar zurechenbar, da eine Schlüsselung (z.B. nach Umsatzanteilen) in der Einzelkostenrechnung strikt abgelehnt wird. Für die Produktgruppenergebnisrechnung sind diese Personalkosten als Gemeinkosten zu behandeln.

Da die Verkäufer jeweils für eine einzelne Kundengruppe zuständig sind, lassen sich diese Personalkosten unmittelbar einer Kundengruppe zurechnen. Sie sind in der Kundengruppenergebnisrechnung als Einzelkosten zu behandeln.

Das Beispiel zeigt: die Trennung in Einzel- und Gemeinkosten hängt von der Wahl der Bezugsgrößen ab; sie ist relativ. Deshalb spricht *Riebel* als Vertreter der Einzelkostenrechnung von *relativen Einzel- und Gemeinkosten.*

Bezugsobjekt kann in der Einzelkostenrechnung auch die zeitliche Bindung der Kosten sein. Lassen sich Kosten innerhalb der Abrechnungsperiode abbauen, d. h. ist die Bindungsdauer kürzer als die Periodenlänge, handelt es sich um Perioden-Einzelkosten, im gegenteiligen Fall um Perioden-Gemeinkosten. Je kürzer eine betrachtete Abrechnungsperiode ist, desto geringer ist der Anteil der Perioden-Einzelkosten, desto höher ist der Anteil der Perioden-Gemeinkosten.

Beispiel:

Die Kündigungsfrist eines Angestellten beträgt 6 Wochen zum Quartalsende. Die Personalkosten sind somit innerhalb eines Quartals abbaufähig. Beträgt die Abrechnungsperiode ein Quartal oder mehr, sind die Personalkosten Perioden-Einzelkosten.

Eine Brücke zur Grenzplankostenrechnung schlägt die Einzelkostenrechnung mit der Unterscheidung von **zwei Kostenkategorien:**

- Leistungskosten,
- Bereitschaftskosten.

Als **Leistungskosten** werden alle Kosten bezeichnet, die sich automatisch in Abhängigkeit von den abgesetzten, manipulierten oder beschafften Leistungen ändern. Die Leistungskosten sind mit den variablen Kosten der Grenzplankostenrechnung vergleichbar. Sie sind einer Abrechnungsperiode zuzuordnen und deshalb Perioden-Einzelkosten.

Als **Bereitschaftskosten** werden alle Kosten bezeichnet, die die Voraussetzung für die Verwirklichung der Leistungen schaffen sollen. Die Bereitschaftskosten sind mit den fixen Kosten der Grenzplankostenrechnung vergleichbar. Die Bereitschaftskosten werden je nach Bindungsdauer in Perioden-Einzel- und -Gemeinkosten eingeteilt.

Riebel erfaßt die Kostenkategorien – aufgeteilt nach Kostenarten – in einer **Grundrechnung.** Diese Grundrechnung der Kosten tritt an die Stelle des Betriebsabrechnungsbogens. In der Grundrechnung werden zeilenweise die Kostenkategorien und Kostenarten ausgewiesen, während spaltenweise sowohl die Kostenstellen als auch die Kostenträger erscheinen. Die Grundrechnung soll weitgehend zweckneutral aufgebaut sein und als Grundlage dispositiver Sonderrechnungen dienen.

Wie in der stufenweisen Fixkostendeckungsrechnung lassen sich auch in der Einzelkostenrechnung stufenweise Deckungsbeiträge ermitteln. Sie dienen allerdings nicht lediglich zur abgestuften Errechnung der Sortimentsdeckungsbeiträge, sondern sie sollen nach mehreren Bezugsgrößen abgestuft werden. Dazu ist es erforderlich, die Bezugsgrößen je nach Bedeutung in einer **Bezugsgrößenhierarchie** einander über- und unterzuordnen.

Beispiel:

Geschäftsarten : Streckengeschäft Lagergeschäft

Versandarten : Selbstabholer Eigenzustellung Fremdtransport

Produktgruppen : a b c a b c a b c

Entsprechend obiger Bezugsgrößenhierarchie wird eine stufenweise Einzelkostenrechnung nach *Riebel* in folgendem Zahlenbeispiel aufgebaut.

Die Schichtung der Leistungs- und Bereitschaftskosten wird erheblich feiner vorgenommen als in der stufenweisen Fixkostendeckungsrechnung, wie das Zahlenbeispiel zeigt. *Riebel* selbst schlägt eine noch genauere Stufenbildung der Kosten und Deckungsbeiträge vor. Bis zur Position „Deckungsbeiträge der Versandarten über Leistungskosten“ werden die Leistungskosten (mit anderen Worten: die variablen Kosten) differenziert von den Bruttoumsätzen abgezogen, um spezifische Deckungsbeiträge für die Bezugsobjekte zu erhalten. Anschließend werden die Bereitschaftskosten (mit anderen Worten: die fixen Kosten) in Perioden-Einzelkosten und Perioden-Gemeinkosten zerlegt und nur die Perioden-Einzelkosten – wiederum differenziert nach den Bezugsobjekten – von den „Deckungsbeiträgen über Leistungskosten“ abgezogen.

Die Ergebnisrechnung endet nicht beim Betriebsergebnis, sondern beim Perioden-Deckungsbeitrag. Der Unterschied zu sämtlichen anderen KLR-Verfahren liegt darin, daß in der Einzelkostenrechnung eine Zurechnung (Periodisierung) der Perioden-Gemeinkosten abgelehnt wird, weil dieses eine Schlüsselung mit sich bringen würde. Strenggenommen darf demzufolge nicht einmal mit Abschreibungen gerechnet werden.

Der jeweilige **Deckungsbeitrag der Einzelkostenrechnung** wird verstanden als Überschuß der Leistungen über diejenigen Kosten, die auf dieselbe (identische) unternehmerische Entscheidung zurückzuführen sind. An die Stelle des Verursachungsprinzips tritt bei *Riebel* das **Identitätsprinzip**, das sehr eng ausgelegt wird und eine Schlüsselung von Kosten fast völlig ausschließt.

Die ermittelten Deckungsbeiträge eignen sich erheblich besser als die üblichen Umsatzstatistiken zur Beurteilung von Unternehmensbereichen oder Teilmärkten. Werden die Deckungsbeiträge zusätzlich auf interne Leistungseinheiten (z. B. gefahrene km, Auftragszahl, Kundenbesuche, Reisendenstunden) oder auf Nutzungspotentiale (z. B. qm Verkaufsfläche) bezogen, läßt sich der Aussagegehalt der Informationen weiter verbessern.

Zusätzlich strebt *Riebel* eine **Verzahnung der Kosten- und Leistungsrechnung mit der Finanzplanung und -kontrolle** an. Dazu werden die Bereitschaftskosten nach Bindungsdauer und Zahlungsweise differenziert. Perioden-Einzelkosten sind in der Regel „ausgabennah“, d. h. sofort oder bald ausgabenwirksam. Demgegenüber sind die Perioden-Gemeinkosten in „ausgabennahe“, „ausgabenferne“ und „nicht ausgabenwirksame“ Kosten zu gliedern. Ein Beispiel für „ausgabenferne“ Kosten sind Abschreibungen, die erst längerfristig – nach Ende der Nutzungsdauer des Investitionsobjektes – mit Ausgaben

Stufenweise Einzelkostenrechnung im Handel (nach Riebel)

Geschäftsart	Strecken-geschäft		Lagergeschäft					
Versandart			Selbst-abholer		Eigenzu-stellung		Fremd-transport	
Produktgruppen	a	b	a	b	a	b	a	b
Bruttoerlöse	240	160	320	450	180	170	50	70
./. Erlösschmälerungen	10	8	15	20	9	9	2	3
= Nettoerlöse	230	152	305	430	171	161	48	67
./. mengenabhängige und umsatzwertabhängige Einzelkosten	160	108	215	303	122	111	34	48
= Deckungsbeiträge der Produktgruppen	70	44	90	127	49	50	14	19
./. Einzelkosten der Auftragsbearbeitung (Fremdfrachten, Versandverpackung usw.)	9		19		25		13	
= Deckungsbeiträge der Versandarten nach Auftragsbearbeitung	105		198		74		20	
./. Touren-Einzelkosten	—		—		28		—	
= Deckungsbeiträge der Versandarten über Leistungskosten	105		198		46		20	
./. Perioden-Einzelkosten der Versandarten			30		22		5	
./. Perioden-Einzelkosten der Geschäftsarten	30		35					
= Perioden-Deckungsbeiträge der Geschäftsarten	75		172					
./. gemeinsame Perioden-Einzelkosten	48							
= Perioden-Deckungsbeitrag gesamt	199							

verbunden sind. „Nicht ausgabenwirksame" Kosten sind kalkulatorischer Unternehmerlohn oder kalkulatorische Zinsen auf das Eigenkapital.

Das Grundschema der Einzelkostenrechnung wird in der folgenden Abbildung noch einmal zusammengefaßt.

Grundschema der Einzelkostenrechnung
(nach Riebel)

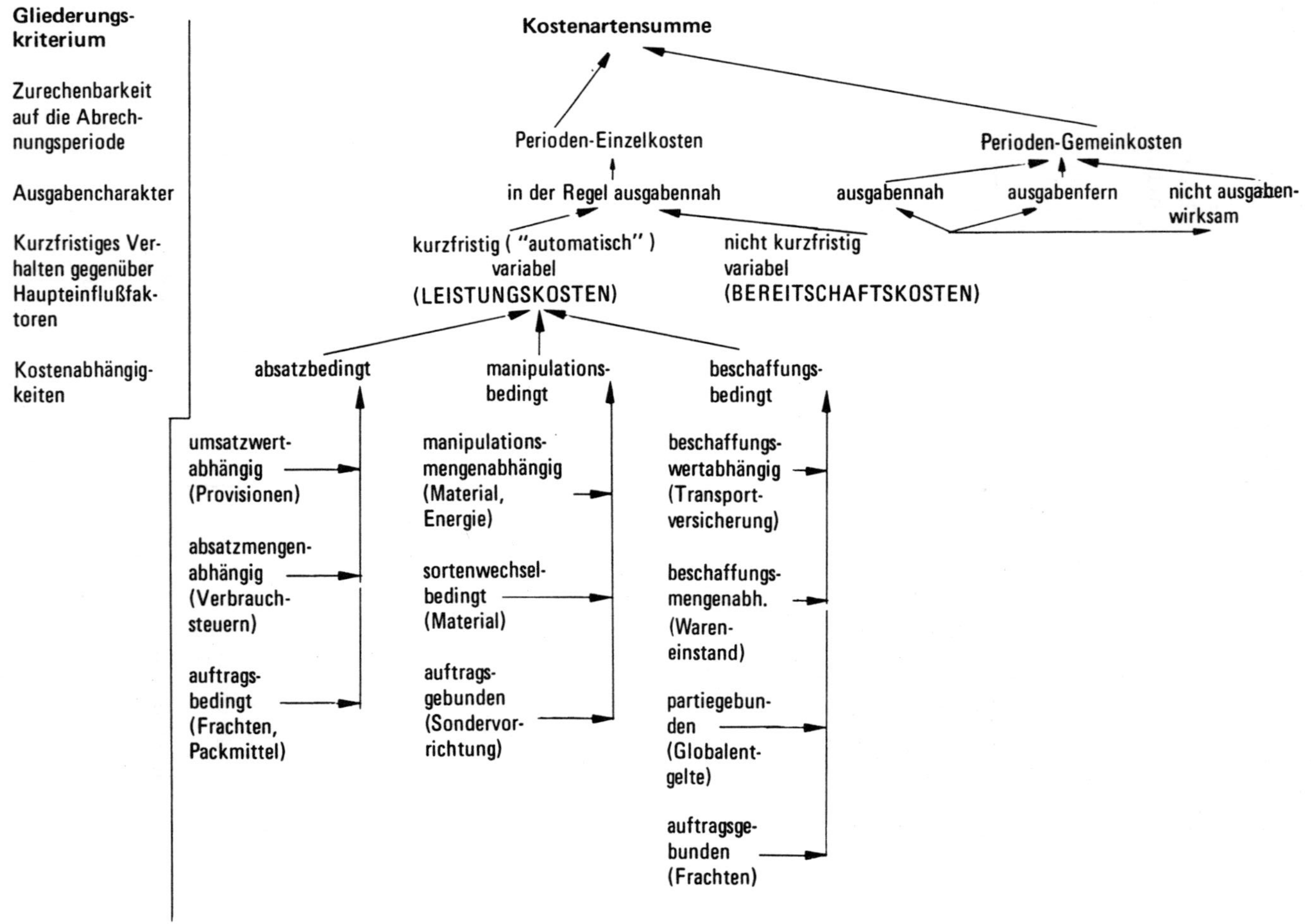

V. Beispiel einer Abweichungsanalyse im Rahmen der Deckungsbeitragsrechnung

Während die Kostenstellenleiter an den Verbrauchsabweichungen gemessen werden, interessiert im Absatzbereich die Abweichung vom Planumsatz und insbesondere vom Plan-Deckungsbeitrag. Eine Plan-Ist-Abweichung kann in Teilabweichungen zerlegt werden:

- Mengenabweichung,
- Preisabweichung,
- Sortimentsstrukturabweichung.

Die Abweichungsanalyse im Verkauf wird am Beispiel der Getränkeabteilung einer Einzelhandlung gezeigt, die – vereinfacht – drei Produktgruppen im Sortiment führt.

a) Abweichungsanalyse des Umsatzes

Das nachfolgende Zahlenbeispiel zeigt, daß der Abteilungsleiter umsatzmäßig erfolgreich war, da er den Planumsatz seiner Abteilung um 1,5 % übertraf:

Istumsatz	= 63 740 DM
./. Planumsatz	= 62 800 DM (100 %)
= Plan-Ist-Abweichung	= + 940 DM (+ 1,5 %)

Um die Ursachen der Plan-Ist-Abweichung zu ermitteln, müssen die durchschnittlichen Planpreise und Istpreise je Verkaufseinheit errechnet werden:

Deckungsbeitragsrechnung als Plan-Ist-Vergleich

	Plan	Ist	Plan-Ist-Abweichung DM	%
Absatzmengen (in Verkaufseinheiten)				
– Dosenbier	4 000	10 000	+ 6 000	150
– Flaschenbier	60 000	60 000	–	–
– alkoholfreie Getränke (AfG)	30 000	26 000	./. 4 000	13
Gesamtabsatz	94 000	96 000	+ 2 000	2
Umsatz (in DM)				
– Dosenbier	2 200	4 700	+ 2 500	114
– Flaschenbier	45 000	45 000	–	–
– alkoholfreie Getränke (AfG)	15 600	14 040	./. 1 560	10
Gesamtumsatz	62 800	63 740	+ 940	1,5
Deckungsbeiträge (in DM)				
– Dosenbier	880	1 400	+ 520	59
– Flaschenbier	28 800	28 800	–	–
– alkoholfreie Getränke (AfG)	11 700	10 660	./. 1 040	9
Deckungsbeiträge gesamt	41 380	40 860	./. 520	1,3

– durchschnittlicher Planpreis je Verkaufseinheit:

$$\frac{62\ 800 \text{ DM}}{94\ 000 \text{ Einheiten}} = 0{,}6681 \text{ DM/Einheit}$$

– durchschnittlicher Istpreis je Verkaufseinheit:

$$\frac{63\ 740 \text{ DM}}{96\ 000 \text{ Einheiten}} = 0{,}6640 \text{ DM/Einheit}$$

Der Durchschnittspreis hat sich nur geringfügig verändert (./. 0,0041 DM/Einheit).

Ähnlich wie bei der Ermittlung der Kostenabweichungen Sollkosten als Maßstab benötigt wurden, werden in der Umsatzanalyse Sollumsätze errechnet:

Sollumsatz	=	Istmenge	x	durchschnittlicher Planpreis
Istumsatz	=	Istmenge	x	durchschnittlicher Istpreis
Planumsatz	=	Planmenge	x	durchschnittlicher Planpreis

Mengenabweichung

= (Istmenge − Planmenge) x Planpreis

= (Istmenge x Planpreis) − (Planmenge x Planpreis)

= Sollumsatz − Planumsatz

96 000 x 0,6681 DM	=	64 138 DM (Sollumsatz)
./. 94 000 x 0,6681 DM	=	62 800 DM (Planumsatz)*
	= +	1 338 DM (Mengenabweichung)

Die positive Umsatzabweichung von 940 DM hat ihre Ursache ausschließlich in der Mengensteigerung der Getränkeabteilung. Die Preispolitik muß sich negativ auf die Umsatzentwicklung ausgewirkt haben:

Preisabweichung

= (Istpreis − Planpreis) x Istmenge

= (Istpreis x Istmenge) − (Planpreis x Istmenge)

= Istumsatz − Sollumsatz

0,6640 DM x 96 000	=	63 740 DM (Istumsatz)
./. 0,6681 DM x 96 000	=	64 138 DM (Sollumsatz)
	= ./.	398 DM (Preisabweichung)

Die Preisabweichung beeinflußt den Umsatz in Höhe von DM 398 negativ. Allerdings wird diese Abweichung durch Verschiebungen in der Sortimentsstruktur beeinflußt. Um die Preisabweichung in eine strukturbereinigte Preisabweichung und in eine Sortimentsstrukturabweichung aufzugliedern, müssen die Sollumsätze je Produkt ermittelt werden:

strukturbereinigte (effektive) Preisabweichung

= (durchschnittlicher Istpreis x Istmenge) − (Planpreis x Istmenge je Produkt)

= Istumsatz − Sollumsätze der Produkte

*Anmerkung: Rundungsdifferenzen werden ausgeklammert

	0,6640	DM	x	96 000	=	63 740 DM (Istumsatz)
./.	0,55	DM	x	10 000	=	5 500 DM (Sollumsatz Dosenbier)
./.	0,75	DM	x	60 000	=	45 000 DM (Sollumsatz Flaschenbier)
./.	0,52	DM	x	26 000	=	13 520 DM (Sollumsatz AfG)
					= ./.	280 DM (strukturbereinigte Preisabweichung)

Sortimentsstrukturabweichung

= (Planpreis x Istmenge je Produkt) – (durchschnittlicher Planpreis x Istmenge)

= Sollumsätze der Produkte – Sollumsatz des Sortiments

	5 500 DM	(Sollumsatz Dosenbier)
+	45 000 DM	(Sollumsatz Flaschenbier)
+	13 520 DM	(Sollumsatz AfG)
./.	64 138 DM	(Sollumsatz des Sortiments)
= ./.	118 DM	(Sortimentsstrukturabweichung)

Durch Preissenkungen wurde somit die Umsatzabweichung nur teilweise negativ beeinflußt (./. 280 DM). Zum anderen Teil hat sich die Sortimentsstruktur zum Dosenbier verschoben, wodurch eine negative Strukturabweichung entstand.

Resultat der Umsatzanalyse:

Der Verkaufsleiter Getränke hat erfolgreich mit Hilfe von Preissenkungen mengenmäßige Verbesserungen der Planwerte erreicht (+ 2,1 % Absatzabweichung) und dadurch auch den Planumsatz überschritten (+ 1,5 % Umsatzabweichung).

Die traditionelle Beurteilung am Umsatz ist für den Verkaufsleiter positiv. Die Deckungsbeitragsrechnung ermöglicht eine bessere Beurteilung, nämlich am Deckungsbeitrag als Abteilungsergebnis. Die Umsatzanalyse ist durch eine Analyse der Deckungsbeiträge zu ergänzen.

b) Abweichungsanalyse des Deckungsbeitrags

Aus Vereinfachungsgründen treten im Beispiel keine Kostenabweichungen auf. Abweichungen des Abteilungs-Deckungsbeitrages sind somit ausschließlich auf Mengen-, Preis- und Sortimentsstrukturabweichungen zurückzuführen.

Anstelle der Preise sind die jeweiligen Stück-Deckungsbeiträge anzusetzen:

– durchschnittlicher Plan-Deckungsbeitrag: 0,4402 DM/Einheit,

– durchschnittlicher Ist-Deckungsbetrag: 0,4256 DM/Einheit.

Plan-Ist-Abweichung (DB)	=	./. 520 DM (1,3 %)
• Mengenabweichung (DB)	=	42 259 DM
		./. 41 380 DM
		+ 879 DM
• Preisabweichung (DB)	=	40 860 DM
		./. 42 259 DM
		./. 1 399 DM
– strukturbereinigt (effektiv)	=	40 860 DM
		./. 2 200 DM
		./. 28 800 DM
		./. 10 140 DM
		./. 280 DM
– Sortimentsstrukturabweichung	=	2 200 DM
		+ 28 800 DM
		+ 10 140 DM
		./. 42 259 DM
		./. 1 119 DM

Resultat der Deckungsbeitragsanalyse:

Die positive Einschätzung des Verkaufsleiters aufgrund der Umsatzanalyse läßt sich nicht aufrechterhalten. Die Verkaufspolitik war offensichtlich nur an Absatz- und Umsatzzahlen orientiert (Mengenabweichung DB + 879 DM).

Dagegen wurde es versäumt, die Verkaufsförderung auf deckungsbeitragsstarke Produkte zu konzentrieren:

– Flaschenbier: 0,48 DM/Einheit Plan-DB,

– Alkoholfreie Getränke: 0,39 DM/Einheit Plan-DB.

Statt dessen wurde das Produkt mit den niedrigsten Deckungsbeiträgen (0,22 DM Plan-DB/Einheit) über preispolitische Aktionen forciert (0,14 DM Ist-DB/Einheit). Die Mengenabweichung konnte zwar – auch bei den Deckungsbeiträgen – die effektive (strukturbereinigte) Preisabweichung überkompensieren. Entscheidend wirkt sich jedoch die stark negative Strukturabweichung aus (./. 1 119 DM).

Insgesamt zeigt die Analyse der Deckungsbeiträge im Rahmen des Plan-Ist-Vergleichs deutlich die verfehlte Sortimentspolitik des Abteilungsleiters, der die Stück-Deckungsbeiträge nicht als Entscheidungskriterium beachtet hat.

VI. Beurteilung der Teilkostenrechnung

Die Verfahren der Teilkostenrechnung (Deckungsbeitragsrechnung) sind – ebenso wie die bereits behandelten Verfahren der Vollkostenrechnung – danach zu beurteilen, wie sie die allgemeinen Aufgaben der Kosten- und Leistungsrechnung erfüllen.

(1) Die **Informations-** bzw. **Dokumentationsaufgabe** (Kostenerfassung und -zuteilung) kann von der Deckungsbeitragsrechnung zuverlässiger als von der Vollkostenrechnung erfüllt werden, weil nach der tatsächlichen Verursachung von Kosten und Leistungen Ergebnisse für Kostenstellen und Kostenträger ermittelt werden. Die scheinbar größere Genauigkeit der Vollkostenrechnung durch Kostenschlüsselung auf Basis fragwürdiger Bezugsgrößen wird weitestgehend vermieden.

(2) Die **Kostenkontrolle** kann bereits mit Hilfe der Plankostenrechnung auf der Basis von Vollkosten gut realisiert werden. Es ist jedoch darauf zu achten, daß Kostenstellenleiter nur für beeinflußbare Kosten verantwortlich gemacht werden. Sekundäre Kosten (durch innerbetriebliche Leistungsverrechnung entstanden) sind auf Basis geplanter Verrechnungspreise zu Grenzkosten oder Marktpreisen anzusetzen. Ebenfalls mit Hilfe von festen Planpreisen sind Preisschwankungen der primären Kosten für die Kostenstellen auszuschalten. Daraus ist auch ersichtlich, daß eine wirksame Kostenkontrolle nur möglich ist, wenn die Teilkostenrechnung in die Unternehmensplanung eingebunden wird. Nur auf diesem Wege erhält man einen aussagefähigen Maßstab für die Beurteilung der Istkosten.

Von den einzelnen Verfahren der Deckungsbeitragsrechnung erweist sich die Grenzplankostenrechnung als am wenigsten geeignet für die Kostenkontrolle, weil sie die gesamten Fixkosten undifferenziert behandelt. Daraus ergibt sich der Vorteil der stufenweisen Fixkostendeckungsrechnung. Hier werden die Fixkosten insoweit einer Abteilung oder einem Bereich zugerechnet, wie sie vom zuständigen Leiter direkt beeinflußbar sind. Am konsequentesten geht die relative Einzelkostenrechnung vor, da sie an den Entscheidungsbefugnissen der Kostenstellenleiter unmittelbar anknüpft (Identitätsprinzip).

(3) Die **Kurzfristige Ergebnisrechnung** ist – bezogen auf das Betriebsganze – immer letzten Endes als Vollkostenrechnung durchzuführen.

Alle in einer Abrechnungsperiode erstellten Leistungen und alle entstandenen Kosten sind zu erfassen, um das Betriebsergebnis zu erhalten. Sämtliche KLR-Verfahren mit Ausnahme der Einzelkostenrechnung nehmen eine entsprechende Periodisierung der Leistungen und Kosten vor. Die Einzelkostenrechnung weist statt des Betriebsergebnisses einen Perioden-Deckungsbeitrag aus, der die verbleibenden Perioden-Gemeinkosten und den Periodenerfolg abdecken soll. Hier dürfte eine entscheidende Hürde für die Praxis aufgebaut sein, die Einzelkostenrechnung unbesehen anzuwenden, weil die Unternehmungsführungen einen ständigen Überblick über die Entwicklung des Betriebsergebnisses benötigen.

Darüber hinaus interessieren zunehmend die Ergebnisbeiträge der Unternehmungsbereiche, der Produktgruppen, der Absatzwege usw. Hier führt nur die Teilkostenrechnung zu zutreffenden Aussagen. Die einstufige Grenzplankostenrechnung leistet wegen der blockweisen Behandlung der Fixkosten wie bei der Kostenkontrolle wiederum verhältnismäßig wenig. Die Fixkostendeckungsrechnung kann je nach gewählter Stufengliederung genauere Informationen über die Ergebnisbeiträge liefern. Sie ist mehrstufig, aber nur eindimensional. Die Rechnung mit relativen Einzelkosten ist ausdrücklich darauf angelegt, für mehrere (sich überschneidende) Ergebnisgliederungen Beiträge zu ermitteln (z. B. Produktgruppen-Ergebnisrechnung und Kundengruppen-Ergebnisrechnung). Die Kurzfristige Ergebnisrechnung kann in diesem Verfahren somit mehrstufig und mehrdimensional erfolgen.

(4) Das weiteste Feld ihrer Anwendungsmöglichkeiten findet die Teilkostenrechnung als **Grundlage dispositiver Entscheidungen.** Gerade bei kurzfristigen Entscheidungen besteht im Rahmen der Vollkostenrechnung häufig die Gefahr der Fehlinformation. Als Ursache wurde auf die falsche Behandlung der Fixkosten hingewiesen (Fixkosten-Proportionalisierung).

a) Insbesondere auf diese Aufgabenstellung ist die **Grenzplankostenrechnung** zugeschnitten worden, da sie nach der Beschäftigungsabhängigkeit in fixe und variable Kosten spaltet und – im Gegensatz zur flexiblen Plankostenrechnung auf Vollkostenbasis – die Fixkosten nicht proportionalisiert. Trotzdem muß bei der Beurteilung der Grenzplankostenrechnung folgendes beachtet werden:

aa) Die ausschließliche Trennung in variable Kosten, die sich proportional verhalten, und in fixe Kosten, die sich auch bei größeren Beschäftigungsschwankungen nicht verändern, zeigt den Modellcharakter dieser Deckungsbeitragsrechnung. Allerdings haben Kostenanalysen im Handel ergeben, daß tatsächlich weitgehend von proportionalen Verläufen der variablen Kosten ausgegangen werden kann. Die Vernachlässigung der stufenfixen Kosten dürfte häufig wegen der kurzfristigen Betrachtungsweise innerhalb der Kostenrechnung vertretbar sein. Ausnahmen bilden stark expansive Handelsbetriebe (z. B. Verbrauchermarkt-Betrieb, der innerhalb einer Abrechnungsperiode mehrere Filialen eröffnet und somit Kapazitätsänderungen vornimmt).

bb) Die Einteilung der Kosten in fixe und variable Teile setzt die Wahl einer bestimmten Zeitspanne voraus. Die Wahl einer sehr kurzen Spanne (z. B. Woche) bewirkt, daß sehr viele Kosten als fix zu betrachten sind. Wird ein längerer Fristigkeitsgrad gewählt (z. B. Jahr), wird ein Teil der vorher fixen Kosten variabel.

Die Wahl der Fristigkeit als Grundlage der Kostenspaltung muß nach betriebswirtschaftlichen Gesichtspunkten erfolgen. Die einmal gewählte Kostenspaltung (in der Regel bezogen auf eine Zeitspanne von einem Jahr) wird für die Kostenplanung aus Wirtschaftlichkeitserwägungen über längere Zeit beibehalten. Aber nicht alle dispositiven Entscheidungen basieren auf dem einmal gewählten Zeitraum. Beispielsweise stellt sich die Frage, ob ein Großauftrag während des nächsten Quartals angenommen werden soll. Da die Kostenspaltung in fixe und variable Kosten in der laufenden Teilkostenrechnung auf einer Jahresspanne basiert, muß eine Sonderrechnung auf Quartalsbasis durchgeführt werden. Aus Bequemlichkeitsgründen besteht allerdings in der Praxis die Gefahr, dispositive Entscheidungen mit Hilfe bestehender, d. h. schematisierter Grenzplankostenrechnungen durchzuführen, ohne notwendige Sonderrechnungen zu beachten. Deshalb wird von

Kilger vorgeschlagen, die Kostenspaltung in fixe und variable Kosten parallel für mehrere Fristigkeitsgrade durchzuführen, z. B.

– Fristigkeitsgrad I: Jahresbasis,

– Fristigkeitsgrad II: Quartalsbasis,

– Fristigkeitsgrad III: Monatsbasis.

Dieses verfeinerte Verfahren wird als **dynamische Grenzplankostenrechnung** bezeichnet. Es dürfte wegen des beachtlichen zusätzlichen Arbeitsaufwandes nur für wenige Handelsbetriebe ökonomisch sinnvoll anwendbar sein.

cc) Insbesondere im Handel mit seinem hohen Anteil an fixen Handlungskosten ist die alleinige Kostenspaltung nach der Beschäftigungsabhängigkeit fragwürdig. Andere Bezugsgrößen der Kostenspaltung (nach Absatzwegen, Kundengruppen usw.) gewinnen für den Handel an Bedeutung. In diesen Fällen wird vorrangig in Einzel- und Gemeinkosten und erst nachrangig in fixe und variable Kosten gegliedert.

In einer Untersuchung der Rationalisierungs-Gemeinschaft des Handels (RGH) wurde deshalb auch festgestellt, daß sich die Grenzplankostenrechnung in ihrer klassischen Form im Handel nur bedingt anwenden läßt (siehe *Fontaine* 1982).

Es interessieren somit die relevanten Kosten und Leistungen für eine bestimmte Fragestellung. Hier hilft das Rechnen mit relativen Einzelkosten weiter.

b) Die **Einzelkostenrechnung** versucht, die – für den jeweiligen Handelsbetrieb – wichtigsten relevanten Größen in die laufende Kostenrechnung einzubeziehen. Zur Beurteilung dieses Verfahrens der Teilkostenrechnung ist zu beachten:

aa) Sollen die Kosten und Leistungen nach mehreren Bezugsgrößen gegliedert werden, muß die laufende Kostenrechnung in parallelen Teilrechnungen durchgeführt werden (z. B. Kundengruppen-Ergebnisrechnung, Produktgruppen-Ergebnisrechnung usw.). Will man die verschiedenen relevanten Größen statt dessen in eine einzige laufende Rechnung einbeziehen, muß eine Bezugsgrößenhierarchie geschaffen werden. Die Einzelkostenrechnung verliert dann allerdings schnell an Transparenz und ist häufig kaum noch nachvollziehbar.

bb) Die Schematisierungsgefahr der Grenzplankostenrechnung kann in der Einzelkostenrechnung zwar tendenziell vermieden werden, dafür besteht hier die Gefahr des Überperfektionismus. In der Praxis muß dieses Verfahren stark vereinfacht werden, um ökonomisch anwendbar zu sein.

cc) Eine Besonderheit der Einzelkostenrechnung besteht darin, daß die Kostenrechnung auch die Ausgabenwirksamkeit der Kosten berücksichtigt. Hier ist die kritische Frage zu stellen, ob für einzelne Kostenstellen oder Kostenträger eine laufende Finanzplanung und -kontrolle vorgenommen werden sollte. Schließlich beeinflussen Zahlungsvorgänge die Liquiditätslage eines Betriebes, ohne daß immer ein Zusammenhang zum Leistungsprozeß und damit zu Kostenstellen und Kostenträgern bestehen muß.

c) Die **stufenweise Fixkostendeckungsrechnung** steht in der Beurteilung zwischen Grenzplankostenrechnung und Einzelkostenrechnung. Sie wird – gemeinsam mit der *Rie-*

bel'schen Einzelkostenrechnung – in der RGH-Untersuchung als erfolgversprechend für den Handel bezeichnet.

Insgesamt bringt die Teilkostenrechnung je nach gewähltem Verfahren deutliche Fortschritte bei der Erfüllung der Aufgaben der Kosten- und Leistungsrechnung.

(5) Allerdings birgt die Teilkostenrechnung auch **Gefahren**, die im Kostenrechnungssystem liegen können, die aber auch durch falsche Anwendung verursacht werden können:

a) Da nur ein Teil der Kosten auf Kostenträger verrechnet wird, werden – im Vergleich zur Vollkostenrechnung – höhere (Brutto-)Ergebnisse ausgewiesen. Folge können **Preiszugeständnisse im Verkauf** und letzten Endes eine **Verschärfung des Wettbewerbes** sein.

Dem kann systemkonform entgegengewirkt werden, indem Verkäufer, Verkaufsleiter usw. ihre erfolgsabhängigen Gehaltsteile nicht auf der traditionellen Umsatzbasis, sondern auf Basis der erzielten Deckungsbeiträge erhalten (Nutzenprovisionen). Ebenso sind für Leiter von Profit Centers Deckungslasten festzulegen, um deutlich zu machen, daß nur bei Erreichen von Deckungsbeiträgen in Höhe der Deckungslast die nicht direkt zurechenbaren Kosten abgedeckt werden können und ein angemessener Gewinn erzielt werden kann.

b) Problematisch ist die **Preisfindung** in der Teilkostenrechnung immer dann, wenn eine Orientierung an Marktpreisen nicht möglich ist und ein kostenorientierter Preis gefunden werden soll. Das dürfte im Handel nur ausnahmsweise der Fall sein, insbesondere bei Angeboten an die öffentliche Hand. Die Teilkostenrechnung kann nur die kurzfristige Preisuntergrenze bei Unterbeschäftigung angeben. Die Schwierigkeiten, später das niedrige Preisniveau der Unterbeschäftigung wieder anzuheben, muß vom Entscheidenden selbstverständlich beachtet werden.

Bei der Angebotskalkulation innerhalb der Teilkostenrechnung hilft man sich häufig mit **„Soll-Deckungsbeiträgen"**, die prozentual oder absolut auf die direkten Kosten zugeschlagen werden. Es ist leicht ersichtlich, daß bei pauschaler Anwendung der Soll-Deckungsbeiträge ein Fehler der Vollkostenrechnung in das Deckungsbeitragssystem wieder eingeführt wird (vgl. Abschnitt D V).

c) Auf Schwierigkeiten stößt der Kostenrechner mit Hilfe der Deckungsbeitragsrechnung auch bei der **Bewertung von Beständen**. Herstellkosten der Kostenrechnung sind hier nicht identisch mit den Herstellungskosten des Handels- oder Steuerrechts.

Einfach lösbar ist die Diskrepanz im Rahmen der **Handelsbilanz**, weil für den Ansatz der Herstellungskosten ein Bewertungswahlrecht besteht. Untergrenze der Herstellungskosten ist die Summe der Einzelkosten (Material-Einzelkosten, Fertigungs-Einzelkosten, Sondereinzelkosten der Fertigung). Obergrenze ist die Vollkosten-Berechnung der Herstellungskosten. Die **Grenz-Herstellkosten** der Grenzplankostenrechnung bilden eine Zwischengröße (Einzelkosten plus proportionale Gemeinkosten) und sind handelsrechtlich zulässig.

Zusammenhang zwischen Herstellungskosten, Herstellkosten und Grenz-Herstellkosten

(1)		Material-Einzelkosten
(2)	+	proportionale Material-Gemeinkosten
(3)	+	fixe Material-Gemeinkosten
(4)	=	Materialkosten
(5)		Fertigungs-Einzelkosten
(6)	+	proportionale Fertigungs-Gemeinkosten
(7)	+	fixe Fertigungs-Gemeinkosten
(8)	+	Sondereinzelkosten der Fertigung
(9)	=	Fertigungskosten
(10)		Herstellkosten (laut Vollkostenrechnung) (4) + (9)
(11)	+	Verwaltungs-Gemeinkosten
(12)	+	Vertriebs-Gemeinkosten
(13)	=	Selbstkosten (laut Vollkostenrechnung)
		aktienrechtliche Herstellungskosten:
(14)		Untergrenze: (1) + (5) + (8)
(15)		Obergrenze: (10) + angemessene Teile von (11)
(16)		Zwischenwert: Grenz-Herstellkosten (laut Grenzplankostenrechnung) (1) + (2) + (5) + (6) + (8)

Für die **Steuerbilanz** wird in diesem Punkt der Grundsatz der Maßgeblichkeit der Handelsbilanz durchbrochen. Es sind die Herstellungskosten auf Vollkostenbasis anzusetzen. Dadurch ergibt sich für die Teilkostenrechnung das Problem, Sonderrechnungen durchführen zu müssen.

Allerdings trifft diese Problematik nur für Handelsbetriebe mit angegliederter Fertigungsabteilung zu. Handelswaren sind zu Anschaffungskosten bzw. nach niedrigeren Marktpreisen zu bewerten.

d) In der Teilkostenrechnung ist die Gefahr von Fehlentscheidungen um so größer, je höher die Deckungsbeiträge, d. h. je höher die nicht zurechenbaren Kosten sind. Deshalb sollten diese indirekten Kosten nach Möglichkeit schichtenweise zugerechnet werden, ohne allerdings im Sinne der Vollkostenrechnung geschlüsselt zu werden.

e) Die Teilkostenrechnung hat eine **kurzfristige Perspektive**. Eine kurzfristig richtige Entscheidung kann aber durchaus mittel- und langfristige Nachteile besitzen. Der Einbau der Deckungsbeitragsrechnung in die operative Unternehmungsplanung ist nicht ausreichend: Planung, Kontrolle und Gegensteuerung im Jahresturnus (dispositives und operatives Controlling) müssen einen strategischen Überbau erhalten (strategisches Controlling). Erst dann können dispositive und operative Maßnahmen darauf abgeklopft werden, in welchem Verhältnis sie zur strategischen Planung stehen.

f) Schließlich ist für den Handel sehr nachteilig, daß auch die Teilkostenrechnung die Ergebnisse (Deckungsbeiträge) der Kostenträger jeweils isoliert beurteilt. Die Sortimentsverbundenheit von Produkten verlangt nach der Berücksichtigung von **Ausstrahlungseffekten** (Spill-over-Effekte). Positive Ausstrahlungen auf verbundene Produkte können es erfordern, ein Produkt auch mit negativem Deckungsbeitrag im Sortiment zu belassen. Falls quantifizierbar, müßte ein Produkt so lange im Sortiment bleiben, wie die positiven Verbundeffekte seinen negativen Deckungsbeitrag überkompensieren. Der Kostenrechner kann nur Entscheidungsunterlagen liefern; die definitive Entscheidung liegt beim Absatzleiter, der die Folgewirkungen auf sein Marketing-Konzept zu beachten hat.

Fragen:

26. Wie ermitteln Sie in einer Umsatz- oder Deckungsbeitragsanalyse
    - die Mengenabweichung,
    - die (strukturbereinigte) Preisabweichung,
    - die Sortimentsstrukturabweichung?
27. Arbeiten Sie die wesentlichen Unterschiede zwischen der Grenzplankostenrechnung und der Einzelkostenrechnung heraus!

D. Kalkulationsverfahren im Handel

Lernziel:

> Nach Durcharbeiten dieses Abschnitts soll der Leser eine Reihe von Kalkulationsverfahren kennen, um in der betrieblichen Praxis nach den jeweiligen Bedingungen ein zweckentsprechendes Verfahren anwenden zu können. Dazu ist es erforderlich, die wesentlichen Vor- und Nachteile der einzelnen Kalkulationsverfahren beurteilen zu können.

I. Grundlagen

Die Schwierigkeiten einer kostengerechten Kalkulation im Handel wurden bereits eingehend dargestellt. Sie liegen vor allem darin, daß ein großer Teil der Handlungskosten fix ist und den Handelsleistungen kaum zurechenbar ist. Will man nicht auf die Zurechnung dieser Kostenteile gänzlich verzichten – wie in der Teilkostenkalkulation – ist eine Schlüsselung notwendig, die im Handel weniger zu einer Kostenverrechnung führt, sondern eher als eine Kostenverteilung anzusehen ist (Vollkostenkalkulation).

Im Handel gibt es kein allgemein gültiges Kalkulationsverfahren, das von allen Betrieben gleichermaßen angewendet wird. Vielmehr ist es von den betriebsindividuellen Bedingungen abhängig, welches Kalkulationsverfahren leicht anwendbar und doch aussagekräftig ist.

Es werden vier Hauptverfahren nachfolgend unterschieden, die wiederum in verschiedenen Ausprägungen angewendet werden können:

- die Divisions- oder Durchschnittskalkulation,
- die Zuschlags- oder Stufenkalkulation,
- die Abteilungs- oder Gruppenkalkulation,
- die Teilkostenkalkulation.

Daneben werden noch Sonderprobleme der Kalkulation im Handel angesprochen.

II. Divisionskalkulation

Ausgangspunkt der Divisions- oder Durchschnittskalkulation ist im Handelsbetrieb die Trennung der Wareneinstandskosten von den Handlungskosten. Die Einstandskosten (Einkaufspreis + fremde Verpackungskosten + Transportkosten + Finanzkosten – Rabatte,

Skonti usw.) sind dem Artikel direkt zurechenbar; sie bilden den Ansatzpunkt für die Verteilung der Handlungskosten. Dazu werden für eine Abrechnungsperiode die gesamten Handlungskosten zu den Wareneinstandskosten der verkauften Waren rechnerisch in Beziehung gesetzt und eine Kalkulationsquote ermittelt:

$$\frac{\text{Handlungskosten der Periode}}{\text{Wareneinstandskosten der Periode}} = \frac{320\,000 \text{ DM}}{800\,000 \text{ DM}} \times 100 = 40\,\%$$

Auf Basis dieser einheitlichen Kalkulationsquote für das gesamte Sortiment werden die Verkaufspreise ermittelt:

	Wareneinstandskosten/Stück	20 DM
+	Handlungskostenaufschlag (40 %)	8 DM
=	Selbstkosten	28 DM
+	Gewinnaufschlag (z. B. 5 % von EK)	1 DM
=	Verkaufspreis	29 DM

Wird der Gewinnaufschlag wie auch der Handlungskostenaufschlag auf den Wareneinstand bezogen, kann für die Handelsspanne ein gemeinsamer Kalkulationsaufschlagssatz (im Beispiel in Höhe von 45 %) verwendet werden.

Nach den beiden folgenden Formeln kann einerseits aus dem gegebenen Kalkulationsaufschlag die Handelsspanne errechnet werden, andererseits aus einer gegebenen Handelsspanne (Kalkulationsabschlag) der Aufschlagssatz errechnet werden:

$$\textbf{Handelsspanne (\%)} = \frac{\text{Kalkulationsaufschlag} \times 100}{100 + \text{Kalkulationsaufschlag}} = \frac{45 \times 100}{145} = \underline{\underline{31\,\%}}$$

$$\textbf{Kalkulationsaufschlag (\%)} = \frac{\text{Handelsspanne} \times 100}{100 - \text{Handelsspanne}} = \frac{31 \times 100}{69} = \underline{\underline{45\,\%}}$$

Die Divisionskalkulation nimmt lediglich eine Verteilung der Handlungskosten vor. Unterschiedliche Kosteneinflußfaktoren für einzelne Waren werden nicht beachtet. Im Einkauf hochpreisige Waren werden relativ teuer verkauft, niedrigpreisige Waren werden relativ billig verkauft.

Je differenzierter die Handelsleistungen sind, um so weniger eignet sich die Divisionskalkulation. Je nach Heterogenität der Sortimentsstruktur, Vielzahl der Absatzwege, Unterschiedlichkeit der Kundengruppen und Betriebsformen lassen sich einheitliche Kalkulationsaufschläge betriebswirtschaftlich nicht mehr vertreten. Die Divisionskalkulation ist eine Massenkalkulation und dient auch als schnelle Überschlagsrechnung vor einer Anwendung differenzierterer Kalkulationsverfahren. Laut RGH-Untersuchung wird ein einheitlicher Kalkulationsaufschlag für das gesamte Sortiment im Handel kaum noch angewendet.

Für Handelsbetriebe mit einer überschaubaren Zahl von Artikeln läßt sich die Divisionskalkulation durch **Verwendung von Äquivalenzziffern** verbessern. Durch exakte Kostenanalysen oder durch Schätzungen werden für die Artikel Verhältniszahlen ermittelt, die ausdrücken sollen, in welchem Maße die Artikel Handlungskosten verursachen. Zur Verteilung der Handlungskosten werden die Verhältniszahlen (Äquivalenzziffern) im allgemeinen zum Wareneinstand oder zum Umsatz der Artikel in Beziehung gesetzt.

Artikel	(1) Äquivalenzziffern	(2) Wareneinstand (DM)	(3) Recheneinheiten (1) x (2)	(4) Handlungskosten: 0,32 DM/RE x (3)
1	0,9	100 000	90 000	28 800
2	1	150 000	150 000	48 000
3	1,2	50 000	60 000	19 200
4	1,4	500 000	700 000	224 000
gesamt		800 000	1 000 000	320 000

$$\frac{\text{Handlungskosten: } 320\,000 \text{ DM}}{\text{Recheneinheiten: } 1\,000\,000} = 0{,}32 \text{ DM/RE}$$

Im Beispiel dient der Wareneinstand nicht undifferenziert als **Verteilungsbasis** der Handlungskosten, sondern der mit Hilfe der Äquivalenzziffern gewichtete Wareneinstand (Spalte 3 = Recheneinheiten). Die gesamten Handlungskosten in Höhe von 320 000 DM werden im Verhältnis der Recheneinheiten auf die Artikel verteilt (Spalte 4). Dazu werden vorher die Handlungskosten je Recheneinheit ermittelt (0,32 DM/RE).

Ein Vergleich mit der summarischen Divisionskalkulation zeigt die unterschiedliche Kostenbelastung. Der durchschnittliche Handlungskostenaufschlag beträgt 40 %. Durch die Verwendung von Äquivalenzziffern werden die Artikel jedoch unterschiedlich belastet:

- Artikel 1 (28 800 : 100 000) = 28,8 %
- Artikel 2 (48 000 : 150 000) = 32,0 %
- Artikel 3 (19 200 : 50 000) = 38,4 %
- Artikel 4 (224 000 : 500 000) = 44,8 %

Die Äquivalenzziffernrechnung bringt zwar eine genauere Kostenverteilung als die summarische Divisionskalkulation mit sich; die Schwierigkeit liegt jedoch in einer genauen Ermittlung der Äquivalenzziffern. Daneben ist in den meisten Handelsbetrieben wegen des vielschichtigen Sortiments eine Äquivalenzziffernrechnung nicht anwendbar.

Frage:

28. In welchem Fall kann in der Divisionskalkulation mit einem gemeinsamen Kalkulationsaufschlagssatz gerechnet werden?

III. Zuschlagskalkulation

Während in der Divisionskalkulation sämtliche Handlungskosten mit Hilfe eines summarischen Aufschlagssatzes oder gewichtet nach Äquivalenzziffern auf die Artikel verteilt werden,

wird im Rahmen der Zuschlagskalkulation der Gesamtblock der Handlungskosten aufgeteilt und stufenweise direkt oder mit Hilfe von Zuschlagssätzen verrechnet.

Da auch in der Divisionskalkulation die Handlungskosten – in einem einzigen Kalkulationssatz – zugeschlagen werden, ist der Begriff „Zuschlagskalkulation" mißverständlich und wird deshalb bisweilen durch den Begriff „Stufenkalkulation" ersetzt.

Die gesamte Zuschlagskalkulation kann aufgeteilt werden in eine

- Bezugs- oder Beschaffungskalkulation und in eine
- Absatzkalkulation.

Beide Teile der Zuschlagskalkulation lassen sich je nach Richtung des rechnerischen Vorgehens unterschiedlich durchführen:

- progressiv (vom Einkaufspreis in Richtung Verkaufspreis),
- retrograd (vom Verkaufspreis in Richtung Einkaufspreis),
- als Differenzkalkulation (Verbindung des progressiven und retrograden Verfahrens).

1. Zuschlagskalkulation als Bezugskalkulation

a) Progressiv

Die progressive Bezugskalkulation soll auf Basis des gegebenen oder geplanten Einkaufspreises die Einstandskosten einer Ware ermitteln:

	Einkaufspreis
+	Beschaffungskosten
=	Einstandskosten

Im Mittelpunkt der Bezugskalkulation steht deshalb die exakte **Ermittlung der Beschaffungskosten.** Zu berücksichtigen sind:

- Gewährung von Rabatten, Skonti und anderen Preisabzügen nach den branchenüblichen Zahlungsbedingungen;

– Mengenkorrekturen (Mehr- oder Mindermengen; bei Lieferung „brutto für netto" ist das Verpackungsgewicht – Tara – im berechneten Gewicht enthalten);
– etwaige Kosten der Manipulation oder der Verpackung durch den Lieferanten;
– Transportkosten (inklusive Zölle, Versicherungen, Umschlaggebühren) nach den Lieferungsbedingungen.

Beispiel:

Ein Großhändler kauft 100 Kisten einer Ware à 50 kg brutto für netto zu 5 DM/kg (zzgl. MWSt.). Er erhält 3 % Rabatt und 2 % Skonto bei Zahlung innerhalb von 14 Tagen eingeräumt. Das Skonto wird in Anspruch genommen. Die Tara beträgt 1 % des Gesamtgewichtes. Der Spediteur stellt für Fracht und Umschlag 1 183 DM (zahlbar ohne Abzug) in Rechnung. Die Einstandskosten je kg der Ware sind zu ermitteln, wobei die Mehrwertsteuer als durchlaufender Posten nicht einkalkuliert wird.

100 à 50 kg	=	5 000 kg brutto
	./.	50 kg Tara (1 %)
		4 950 kg netto

5000 kg x 5 DM	=	25 000 DM		Listeneinkaufspreis
	./.	750 DM		3 % Rabatt
	=	24 250 DM	=	(Netto-)Zieleinkaufspreis
	./.	485 DM		2 % Skonto
	=	23 765 DM	=	Bareinkaufspreis
	+	1 183 DM		Bezugskosten
	=	24 948 DM	=	Einstandskosten

Einstandskosten je kg Ware = 24 948 DM : 4 950 kg
= 5,04 DM/kg

Die progressive Bezugskalkulation macht die Einkaufspreise verschiedener Anbieter vergleichbar. Sie dient der Einkaufsdisposition und ist Grundlage der späteren Absatzkalkulation.

Statt direkter Einzelzuschläge für die Beschaffungskosten werden im Handel aus Vereinfachungsgründen auch **durchschnittliche prozentuale Zuschlagssätze** verwendet, z. B.

$$\frac{\text{Bezugskosten}}{\text{Listeneinkaufspreis}} = \frac{1\ 183\ \text{DM}}{25\ 000\ \text{DM}} \times 100 = 4{,}7\ \% \approx 5\ \%$$

Wegen der erheblichen Unterschiede in der Beschaffung, wie

- Entfernung der Lieferanten,
- Wahl der Transportmittel,
- Umfang der Lieferung

sind die Beschaffungskosten häufig so verschiedenartig, daß ein einheitlicher Zuschlagssatz grob vereinfachen würde. Der Aussagegehalt der Bezugskalkulation würde erheblich geschmälert.

b) Retrograd

Ein Sonderfall der Bezugskalkulation ist das retrograde Verfahren. Es wird von den Einstandskosten rückwärts bis zum Listeneinkaufspreis gerechnet.

Beispiel:

24 948 DM	Einstandskosten
./. 1 183 DM	./. Bezugskosten
= 23 765 DM	= Bareinkaufspreis
+ 485 DM	+ Skonto
= 24 250 DM	= (Netto-)Zieleinkaufspreis
+ 750 DM	+ Rabatt
= 25 000 DM	= Listeneinkaufspreis

Zu beachten ist die abweichende Berechnungsbasis für Skonto und Rabatt. Der zu errechnende Zieleinkaufspreis ist die eigentliche Basis (100 %), der Bareinkaufspreis ist die verminderte Rechenbasis. Statt Prozente vom Hundert werden **Prozente im Hundert** errechnet (100 % – 2 % = 98 %):

$$\text{Skonto} = \frac{2}{98} \text{ x Bareinkaufspreis}$$

$$\text{Ebenso Rabatt} = \frac{3}{97} \text{ x Zieleinkaufspreis}$$

Eine retrograde Bezugskalkulation kommt für einen Handelsbetrieb in Betracht, wenn er im Rahmen einer vorausgehenden Absatzkalkulation einen Einstandswert ermittelt hat, der die Obergrenze bei gegebenen oder geplanten Absatzpreisen darstellt. Ein Lieferantenangebot zu Listenpreisen kann daraufhin überprüft werden, ob die errechnete Obergrenze eingehalten oder überschritten wird.

2. Zuschlagskalkulation als Absatzkalkulation

a) Progressiv

Die progressive Absatzkalkulation baut auf dem Ergebnis der progressiven Bezugskalkulation – den Einstandskosten – auf und will den Absatzpreis errechnen, der notwendig ist, um die Einstandskosten, die Handlungskosten sowie einen angestrebten Gewinn abzudecken.

Im Unterschied zur Divisionskalkulation werden die Handlungskosten nicht in einem globalen Zuschlagssatz verrechnet, sondern es werden die Ergebnisse der Betriebsabrechnung im Rahmen der Vollkostenrechnung in die Kalkulation einbezogen:

– die in der Kostenartenrechnung ermittelten Einzelkosten werden inklusive der Einstandskosten direkt in die Kalkulation übernommen,

– die Handlungsgemeinkosten werden mit einem Kalkulationssatz geschlüsselt in die Kalkulation übernommen.

Beispiel:

Die 4 950 kg Ware zu 24 948 DM Einstandskosten wird in abnehmergerechte Einheiten verpackt (Einzelkosten der Manipulation : 1 060,32 DM). Im Versand lassen sich die Kosten in Höhe von 552,60 DM der Ware direkt zurechnen. Die übrigen Handlungskosten werden indirekt in Höhe von 16 % der Einstandskosten verrechnet. Der Großhändler räumt seinen Kunden 5 % Rabatt und 3 % Skonto ein. Er kalkuliert mit einem Gewinnzuschlag von 5 % auf die Selbstkosten.

24 948,00 DM	Einstandskosten
+ 1 060,32 DM	+ direkte Manipulationskosten
+ 3 991,68 DM (16%)	+ indirekte Handlungskosten
= 30 000,00 DM	= Selbstkosten (ab Lager)
+ 552,60 DM	+ direkte Versandkosten
= 30 552,60 DM	= Selbstkosten (frei Haus)
+ 1 527,63 DM (5%)	+ Gewinnzuschlag
= 32 080,23 DM	= Barverkaufspreis (frei Haus)
+ 992,17 DM (3%)	+ Skonto
= 33 072,40 DM	= Zielverkaufspreis (frei Haus)
+ 1 740,65 DM (5%)	+ Rabatt
= 34 813,05 DM	= Listenverkaufspreis (frei Haus)

Listenverkaufspreis (frei Haus) je kg Ware =

$$\frac{34\,813{,}05\ \text{DM}}{4\,950\ \text{kg}} = 7{,}0329\ \text{DM/kg} \approx 7{,}04\ \text{DM/kg (zzgl. MWSt)}$$

Falls sowohl für die Handlungsgemeinkosten als auch für den Gewinn ein Zuschlagssatz in % vom Einstandswert verwendet würde, ließe sich – wie bei der Divisionskalkulation – auch ein gemeinsamer Zuschlagssatz (im Beispiel in Höhe von 21 %) ansetzen. Wird der Gewinnzuschlag demgegenüber auf den Selbstkostenwert bezogen, ist eine Trennung des Gewinnzuschlages von den Handlungsgemeinkosten notwendig.

Rabatte und Skonti sind in der progressiven Absatzkalkulation ebenso wie in der retrograden Bezugskalkulation als Prozente im Hundert zu errechnen. Der gesonderte Ausweis der direkten Versandkosten gestattet es, getrennte Verkaufspreise für Abholkunden und für Zustellkunden zu ermitteln. Ein Listenverkaufspreis ab Lager müßte gesondert bei Wegfall der direkten Versandkosten ermittelt werden.

b) Retrograd

Die retrograde Absatzkalkulation geht von einem gegebenen oder geplanten Preis auf dem Absatzmarkt aus und errechnet die Einstandskosten, die maximal akzeptiert werden können, um die direkten und indirekten Handlungskosten sowie einen angestrebten Gewinn abzudecken. Sie ist Grundlage der retrograden Bezugskalkulation.

Beispiel:

Listenverkaufspreis frei Haus: 7,0329 DM/kg (zzgl. MWSt); alle Angaben wie bei progressiver Absatzkalkulation.

4 950 kg Ware a 7,0329 DM = 34 813,05 DM – 1 740,65 DM (5%)	 Listenverkaufspreis (frei Haus) – Rabatt
= 33 072,40 DM – 992,17 DM (3%)	= Zielverkaufspreis (frei Haus) – Skonto
= 32 080,23 DM – 1 527,63 DM (5%)	= Barverkaufspreis (frei Haus) – Gewinnabschlag
= 30 552,60 DM – 552,60 DM	= Selbstkosten (frei Haus) – direkte Versandkosten
= 30 000,00 DM – 1 060,32 DM – 3 991,68 DM (16%)	= Selbstkosten (ab Lager) – direkte Manipulationskosten – indirekte Handlungskosten
= 24 948,00 DM	= Einstandskosten

Bei der Berechnung des Gewinnabschlages ist zu beachten, daß die Selbstkosten als Berechnungsgrundlage (100 %) noch unbekannt sind, der Barverkaufspreis die um 5 % erhöhte Basis darstellt. In diesem Fall wird mit **Prozent auf Hundert** gerechnet:

$$\text{Gewinnabschlag} = \frac{32\,080{,}23 \text{ DM} \times 5}{105} = 1\,527{,}63 \text{ DM}$$

Ebenso errechnet sich der Handlungskostenabschlag =

$$\frac{(30\,000 \text{ DM} - 1\,060{,}32 \text{ DM}) \times 16}{116} = 3\,991{,}68 \text{ DM.}$$

Die retrograde Absatzkalkulation läßt sich zusammen mit der retrograden Bezugskalkulation zur **retrograden Gesamtkalkulation** verbinden. Ebenso bilden progressive Bezugskalkulation und progressive Absatzkalkulation zusammen die **progressive Gesamtkalkulation.**

3. Zuschlagskalkulation als Differenzkalkulation

Die Differenzkalkulation stellt eine Kombination der progressiven und retrograden Zuschlagskalkulation dar. Es wird davon ausgegangen, daß der Handelsbetrieb weder den Einstandspreis noch den Verkaufspreis beeinflussen kann, weil die Preise entweder gebunden sind oder als gegebene Marktpreise anzusehen sind. Die Differenzkalkulation soll ermitteln, wie hoch die verbleibende Handelsspanne ist und ob bei gegebenen Handlungskosten noch ein bestimmter angestrebter Gewinn erzielt wird.

Beispiel:
- gegebene Einstandskosten je kg Ware: 5,– DM,
- gegebener Listenverkaufspreis (frei Haus): 7,– DM,
- alle anderen Angaben wie vorher.

progressiv ↓		24 750,00 DM		Einstandskosten
	+	1 060,32 DM	+	direkte Manipulationskosten
	+	3 960,00 DM (16%)	+	indirekte Handlungskosten
	=	29 770,32 DM	=	Selbstkosten (ab Lager)
	+	552,60 DM	+	direkte Versandkosten
	=	30 322,92 DM	=	Selbstkosten (frei Haus)
Differenz:		1 607,05 DM		
retrograd ↑	=	31 929,97 DM	=	Barverkaufspreis
	–	987,53 DM (3%)	–	Skonto
	=	32 917,50 DM	=	Zielverkaufspreis
	–	1 732,50 DM (5%)	–	Rabatt
		34 650,00 DM		Listenverkaufspreis

Die Differenzkalkulation zeigt, daß bei gegebenen Einstands- und Verkaufspreisen ein Gewinn in Höhe von 1 607,05 DM erreicht werden kann. Das entspricht 5,3 % der Selbstkosten frei Haus. Wird – wie in den vorhergehenden Beispielen – ein Gewinnzuschlagssatz von 5 % der Selbstkosten als ausreichend angesehen, wird eine positive Entscheidung getroffen.

4. Beurteilung der Zuschlagskalkulation

Die Zuschlagskalkulation geht im Vergleich zur Divisionskalkulation einen Schritt in Richtung kostengerechter Kalkulation, da die (direkt zurechenbaren) Einzelkosten von den Handlungsgemeinkosten getrennt werden. Für die Gemeinkosten wird jedoch weiterhin ein einheitlicher Zuschlagssatz über das gesamte Sortiment verwendet.

Soll eine kostengerechte Kalkulation erreicht werden, richtet sich die Kritik an der Zuschlagskalkulation auf:

- die Wahl der Einstandskosten als Bezugsbasis des Zuschlagssatzes,
- die Verwendung eines einheitlichen Zuschlagssatzes.

a) Die **Wahl der Einstandskosten als Bezugsbasis** des Zuschlagssatzes unterstellt eine Proportionalität zwischen den gesamten Handlungsgemeinkosten und den Einstandskosten. Um einen kostenverursachungsgerechten Zuschlagssatz zu ermitteln, muß der wesentliche Kosteneinflußfaktor gefunden werden. Da ein solcher dominierender Einflußfaktor im Handelsbetrieb nicht existiert, wurde aus Vereinfachungsgründen anstelle einer direkten Bezugsgröße mit den Einstandskosten eine indirekte Bezugsgröße gewählt, die jedoch lediglich eine Verteilung der Gemeinkosten nach dem Durchschnittsprinzip bezweckt. Das System der Zuschlagskalkulation ist schon aus diesem Grunde nicht **verursachungsgerecht.**

b) Die **Verwendung eines einheitlichen Zuschlagssatzes** für das gesamte Sortiment unterstellt eine gleichmäßige Verursachung der Gemeinkosten von allen Warengruppen. Diese Prämisse ist jedoch unrealistisch:

- die Obst- und Gemüseabteilung verursacht erhebliche Manipulationskosten;
- die Abteilung „Bier und alkoholfreie Getränke" ist raumintensiver und verursacht erhebliche Raumkosten (Miete);
- die Tiefkühlkost und die Molkereiwaren-Abteilung verursachen hohe Investitionen mit überdurchschnittlichen Kapitalkosten;
- Nonfood-Waren haben eine vergleichsweise hohe Lagerbindung.

Die beträchtlichen Unterschiede der Kostenverursachung erfordern für mittlere und größere Handelsbetriebe eine differenzierte Kalkulation nach Verkaufsabteilungen bzw. Warengruppen.

Frage:

29. Welches Ergebnis soll ermittelt werden von
    - der retrograden Absatzkalkulation,
    - der progressiven Absatzkalkulation,
    - der Differenzkalkulation?

IV. Abteilungskalkulation

Die Abteilungskalkulation erfordert – im Gegensatz zur Divisions- und einfachen Zuschlagskalkulation – eine ausgebaute Betriebsabrechnung. Die Kostenstellenrechnung tritt zur Kostenartenrechnung hinzu. Kostenstellen werden nach organisatorisch vorhandenen **Abteilungen** gebildet oder es werden nach Sortimentszugehörigkeit **Warengruppen** als Kostenstellen gebildet. Zusätzlich können Hilfs- oder Neben-Kostenstellen geschaffen werden, die lediglich innerbetriebliche Leistungen erbringen.

Die **Bildung von Kostenstellen** ist so vorzunehmen,

– daß ein möglichst hoher Anteil der Handlungskosten direkt zurechenbar ist,

– daß die Kostenbeeinflussung innerhalb der Abteilung bzw. Warengruppe relativ einheitlich ist, so daß ein gemeinsamer Kostenschlüssel gefunden werden kann,

– daß die Verantwortungsbereiche klar abgegrenzt werden können.

Mit der Abteilungs- oder Gruppenkalkulation gelingt es, aus den gesamten (Träger-)Gemeinkosten als einen Teil die **Stellen-Einzelkosten** herauszunehmen und den Kostenstellen direkt zuzurechnen (vgl. die Graphik). Allerdings werden für die Zurechnung der Stellen-Einzelkosten häufig noch Verrechnungsgrundlagen benötigt, so für die Mietkosten die beanspruchten m^2 Verkaufsfläche der Warengruppe. Die meisten Personalkosten werden direkt oder nach der zeitlichen Beanspruchung den Warengruppen zugerechnet. Die Stellen-Einzelkosten werden somit direkt oder mit Hilfe direkter Bezugsgrößen verrechnet.

Differenzierung der Selbstkosten in der Divisions-, Zuschlags- und Abteilungskalkulation

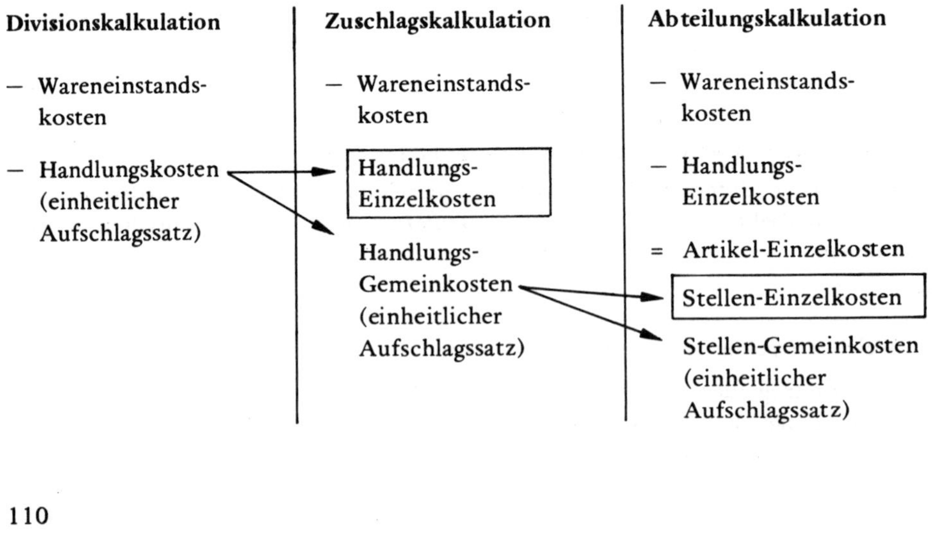

Es verbleiben **Stellen-Gemeinkosten,** für die eine verursachungsgerechte Zurechnung auf Warengruppen nicht möglich ist. Hierzu gehören viele Kosten der Verwaltung (z. B. der kalkulatorische Unternehmerlohn), Gebühren, Abgaben und betriebliche Steuern. Die Umlage der Stellen-Gemeinkosten wird in der Abteilungs- bzw. Gruppenkalkulation trotz der Zurechnungsprobleme vorgenommen, da es sich um eine Vollkostenkalkulation handelt. Es kommen nur **indirekte Bezugsgrößen** in Betracht, die die restlichen Kosten mehr oder minder willkürlich verteilen:

- der Umsatz der Abteilungen (ggf. zu Einstandskosten) oder
- die durchschnittliche Lagerdauer bzw. die durchschnittliche Umschlagshäufigkeit der Warengruppen.

Die Zurechnung der Stellen-Gemeinkosten nach der **Umsatzhöhe** entspricht dem Prinzip der Tragfähigkeit. Aktive Verkaufsleiter werden allerdings mit höheren Kostenumlagen ungewollt bestraft. Umsatzschwache Abteilungen werden entlastet, obwohl sie maßgeblich Gemeinkosten hervorrufen können.

Wegen der kostenmäßigen Bedeutung für den Handel wird statt des Umsatzes auch die **durchschnittliche Lagerdauer** als Bezugsbasis herangezogen werden, z. B.

	gesamt	Abteilung I	Abteilung II	Abteilung III
durchschnittliche Lagerdauer (in Jahren)		3/12	6/12	9/12
Stellen-Gemeinkosten (DM)	360 000	60 000	120 000	180 000

$$\text{Umlage Abteilung I: } \frac{360\,000 \text{ DM}}{3/12 + 6/12 + 9/12} \times 3/12 = 60\,000 \text{ DM}$$

Die Abteilung II und III werden – entsprechend der längeren Lagerdauer – mit der doppelten bzw. dreifachen Umlage belastet.

Nachteilig ist das obige Umlageverfahren insofern, weil der Lagerumfang nicht berücksichtigt wird. Beispielsweise ist die Abteilung I mit 50 % des Gesamtumsatzes (zu Einstandskosten bewertet) stärkster Umsatzträger des Betriebes. Eine akzeptable Bezugsbasis der Gemeinkostenumlage dürfte deshalb die **durchschnittliche Kapitalbindung** in Höhe der Warenvorräte sein.

	gesamt	Abteilung I	Abteilung II	Abteilung III
(1) Umsatz zu Einstandskosten (DM)	8 000 000	4 000 000	2 400 000	1 600 000
(2) durchschnittliche Lagerdauer (Jahre)		3/12	6/12	9/12
(3) durchschnittliche Warenvorräte (1) x (2)		1 000 000	1 200 000	1 200 000
(4) Stellen-Gemeinkosten (DM)	360 000	105 882	127 059	127 059

Die durchschnittlichen Warenvorräte der einzelnen Abteilungen eignen sich als Bezugsbasis vor allem für die Umlage kalkulatorischer Zinsen auf das Vorratsvermögen, kalkulatorischer Abschreibungen auf Lagereinrichtungen und für die Personalkosten der Lagerarbeiter.

Im Unterschied zur einfachen Zuschlagskalkulation werden in der Abteilungskalkulation die Handlungsgemeinkosten nicht global für das gesamte Sortiment mit einem einzigen Zuschlagssatz verrechnet. Statt dessen wird es durch die Bildung von Abteilungen bzw. von Warengruppen als den Bezugspunkten der Kalkulation ermöglicht, einen Teil der Handlungsgemeinkosten direkt den Abteilungen bzw. Warengruppen zuzurechnen. Lediglich die verbleibenden Stellen-Gemeinkosten werden weiterhin mit Hilfe indirekter Bezugsgrößen wie Umsatz, Lagerdauer oder Vorratshöhe geschlüsselt.

Die Kalkulation für die einzelnen Abteilungen bzw. Warengruppen ist somit in der Abteilungskalkulation differenzierter als in der Divisions- oder der Zuschlagskalkulation.

Ansonsten wird für jede Abteilung oder Warengruppe getrennt das gleiche Kalkulationsschema wie in der Zuschlagskalkulation verwendet.

Innerhalb einer Warengruppe werden die zugehörigen Waren im allgemeinen mit einheitlichen Zuschlagssätzen kalkuliert.

Kalkulationskriterium wird in der Regel der anteilige Umsatz bzw. die anteiligen Einstandskosten der Waren innerhalb der Warengruppe sein. Allerdings könnten auch hier die durchschnittliche Lagerdauer bzw. die durchschnittliche Höhe der Warenvorräte als Schlüsselgröße gewählt werden. Daneben bietet sich in SB-Geschäften die Beanspruchung der Verkaufsfläche als Verrechnungsbasis an. In beratungsintensiven Handelsbetrieben müßte statt dessen die durchschnittlich notwendige Dauer der Verkaufsgespräche bei der Kalkulation berücksichtigt werden.

Beispiel einer Abteilungs- oder Gruppenkalkulation (in TDM)

		gesamt	Abteilung I Artikel 1	Abteilung I Artikel 2	Abteilung II Artikel 3	Abteilung II Artikel 4	Abteilung III Artikel 5	Abteilung III Artikel 6
(1)	Einstandskosten	8 000	2 600	1 400	800	1 600	1 100	500
(2)	+ Handlungs-Einzelkosten (direkte Manipulationskosten, direkte Versandkosten usw.)	1 000	200	150	100	130	220	200
(3)	= Artikel-Einzelkosten (1) + (2)	9 000	2 800	1 550	900	1 730	1 320	700
(4)	Stellen-Einzelkosten	1 500	670		480		350	
			435,5	234,5	160	320	240,6	109,4
(5)	Stellen-Gemeinkosten (6 % v. EK)	480	156	84	48	96	66	30
(6)	= Artikel-Gemeinkosten (4) + (5)	1 980	591,5	318,5	208	416	306,6	139,4
(7)	= Selbstkosten (3) + (6)	10 980	3 391,5	1 868,5	1 108	2 146	1 626,6	839,4
(8)	+ Gewinnzuschlag (5 % v. SK)	549	169,6	93,4	55,4	107,3	81,3	42,0
(9)	= Netto-Umsatz (7) + (8)	11 529	3 561,1	1 961,9	1 163,4	2 253,3	1 707,9	881,4

Beispiel:

Im Beispiel der Abteilungs- bzw. Gruppenkalkulation kann wie in der Zuschlagskalkulation vorgegangen werden. Allerdings werden die Selbstkosten und der Gewinnzuschlag nicht stückbezogen, sondern zunächst zeitraumbezogen für eine Abrechnungsperiode ermittelt. Die Netto-Umsätze (Zeile 9) sind durch Artikelmengen zu dividieren, um den Barverkaufspreis je Mengeneinheit zu erhalten. Durch Berücksichtigung von Skonti und Rabatten erhält man den Ziel- und Listenverkaufspreis je Mengeneinheit.

Wie in der Zuschlagskalkulation werden die Artikel mit den direkt zurechenbaren Manipulations- und Versandkosten (Zeile 2) sowie mit den Einstandskosten (Zeile 1) unmittelbar belastet. Die indirekten Handlungskosten, also die Artikel-Gemeinkosten (Zeile 6), werden jedoch nicht undifferenziert wie in der Zuschlagskalkulation mit einem Zuschlagssatz verteilt, sondern aufgeteilt in Stellen-Einzelkosten und Stellen-Gemeinkosten. Die Stellen-Einzelkosten (Zeile 4) werden unmittelbar bzw. auf der Basis direkter Bezugsgrößen den Abteilungen bzw. Warengruppen als Kostenstellen zugerechnet. Lediglich die Stellen-Gemeinkosten (Zeile 5) werden weiterhin global geschlüsselt: im Beispiel mit 6 % von den Einstandskosten. Die innerbetriebliche Leistungsverrechnung von Hilfskostenstellen auf die Verkaufsabteilungen als Hauptkostenstellen soll im Beispiel aus Vereinfachungsgründen nicht einbezogen werden. Die Stellen-Einzelkosten sind in einem weiteren Rechenschritt auf die zugehörigen Artikel zu verteilen; im Beispiel wurden wiederum die Einstandskosten der Artikel als Zuschlagsbasis gewählt.

Obwohl auch in der Abteilungskalkulation die Kosten teilweise noch recht global geschlüsselt werden, geht dieses Kalkulationsverfahren dennoch einen Schritt weiter in Richtung verursachungsgerechter Kostenverrechnung als die Zuschlagskalkulation. Diese Aussage kann anhand des Zahlenbeispiels nachgewiesen werden. Im Rahmen der Zuschlagskalkulation werden die Gemeinkosten global verrechnet (hier mit

$$\frac{1\,980 \text{ TDM}}{8\,000 \text{ TDM}} \times 100 = 24{,}75\ \%).$$

Die Gegenüberstellung der verrechneten Gemeinkosten belegt, daß die Abteilungskalkulation durch die Zwischenschaltung der Stellen-Einzelkosten differenziertere Kalkulationen zuläßt als die Zuschlagskalkulation.

	Abteilung I		Abteilung II		Abteilung III	
Artikel	1	2	3	4	5	6
(1) Gemeinkosten bei Zuschlagskalkulation (24,75 % v. EK)	643,5	346,5	198	396	272,3	123,7
(2) Gemeinkosten bei Abteilungskalkulation (% v. EK).	591,5 (22,75)	318,5 (22,75)	208 (26,0)	416 (26,0)	306,6 (27,88)	139,4 (27,88)

Innerhalb der Abteilungen ergeben sich gleichhohe Zuschlagssätze für die zugehörigen Artikel, verwendet man nicht anstelle der Einstandskosten differenzierte Bezugsgrößen wie m^2 Verkaufsfläche, durchschnittliche Verweildauer der Ware oder durchschnittliche Länge des Verkaufsgesprächs zur Verrechnung der Stellen-Einzelkosten auf die Artikel.

Frage:

30. Wodurch unterscheidet sich die Abteilungskalkulation von der Zuschlagskalkulation?

V. Teilkostenkalkulation

Die bisher dargestellten Verfahren der Divisionskalkulation, der Zuschlagskalkulation und der Abteilungskalkulation gehören zum System der Vollkostenrechnung. Auf diese Verfahren trifft somit auch die früher vorgenommene Beurteilung der Vollkostenrechnung zu.

Insbesondere die willkürliche Schlüsselung der nicht zurechenbaren Gemeinkosten macht die Vollkostenkalkulation als Instrument zur Ermittlung eines kostengerechten Verkaufspreises und auch zur Ergebniskontrolle marktorientierter Verkaufspreise problematisch.

Allerdings ist die Zuschlagskalkulation als Schema für die Angebotspreisfindung für öffentliche Aufträge vorgeschrieben. Daneben ist eine Vollkostenkalkulation zur steuerlichen Bewertung von Halb- und Fertigfabrikaten vorgeschrieben, die jedoch im Handel nur eine geringe Bedeutung besitzt.

Demgegenüber liefert die Teilkostenrechnung und damit auch die Teilkostenkalkulation für nahezu alle wichtigen innerbetrieblichen Problemfelder die zutreffenden Informationen,

und zwar für

- die Kostenkontrolle von Abteilungen und Warengruppen,
- die Ergebnisermittlung der einzelnen Kostenträger und
- dispositive Entscheidungen.

Die Teilkostenkalkulation kann – wie die Vollkostenkalkulation – in mehreren Verfahren realisiert werden. Als wichtigste Verfahren gelten

- die Plankalkulation mit Grenzkosten,

– die Kalkulation als stufenweise Fixkostendeckungsrechnung,

– die Einzelkostenkalkulation.

Die Grundlagen entsprechen vollständig den früher erläuterten Verfahren der Teilkostenrechnung. Wird ein **Schema der retrograden Kalkulation** – basierend auf den Verkaufspreisen bzw. Umsatzerlösen – aufgebaut, kann ebenfalls auf die früheren Darstellungen verwiesen werden.

Die **Schemata der progressiven Kalkulation** bauen auch in der Teilkostenkalkulation auf den Einstandskosten auf.

(1) In der **Grenzplankostenrechnung** werden – wie bereits in der Zuschlagskalkulation – weitere Einzelkosten addiert. In einem zweiten Schritt werden die Gemeinkosten in ihre variablen und fixen Teile gespalten und die variablen Gemeinkosten den Einzelkosten zugeschlagen.

Es wird eine proportionale Beziehung zwischen den variablen Gemeinkosten und den Einzelkosten unterstellt.

	Einstandskosten	} Einzelkosten
+	Handlungseinzelkosten	
+	variable Handlungsgemeinkosten (in % der Einzelkosten verrechnet)	
=	zurechenbare Grenzkosten	

Da der im Handel bedeutende Fixkostenanteil nicht in die Kalkulation einbezogen wird, sind die zurechenbaren Kosten als Kalkulationsbasis nur wenig geeignet, falls nicht eine Orientierung an Marktpreisen gleicher oder ähnlicher Artikel möglich ist. Die Grenzkosten dienen lediglich als kurzfristige Preisuntergrenze bei Unterbeschäftigung.

(2) Entsprechend der Grenzplankostenrechnung geht zunächst die **stufenweise Fixkostendeckungsrechnung** vor. Sie gliedert jedoch zusätzlich den Fixkostenblock stufenweise auf und ordnet die Fixkostenschichten den schrittweise erweiterten Bezugsgrößen zu. Damit werden zwar mehr Kosten den Artikelgruppen und den Sortimentsbereichen zugeordnet, für den einzelnen Artikel bleibt es allerdings weitgehend bei den zurechenbaren Teilkosten der Grenzplankostenrechnung. Teilweise wird deshalb vorgeschlagen, die Fixkosten der Artikelgruppen, der Sortimentsbereiche und der Gesamtunternehmung wiederum dem einzelnen Artikel zuzurechnen. Dabei sollen die Einstandskosten oder die gesamten Einzelkosten als Bezugsbasis verwendet werden. Auch die Grenzkosten werden als Verrechnungsbasis vorgeschlagen.

	Einstandskosten	Einzelkosten
+	Handlungseinzelkosten	
+	variable Handlungsgemeinkosten (% der EK)	
=	zurechenbare Grenzkosten (Grenzplankostenrechnung)	
+	Artikelfixkosten (% der Einzelkosten)	
=	Verrechnete Artikelkosten	
+	Artikelgruppenfixkosten (% der Einzelkosten)	
=	Verrechnete Artikelgruppenkosten	
+	Bereichsfixkosten (in % der Einzelkosten)	
=	Verrechnete Bereichskosten	
+	Unternehmungsfixkosten (in % der Einzelkosten)	
=	Verrechnete Selbstkosten	
+	Gewinn (in % der Selbstkosten)	
=	Verkaufspreis	

Es ist eindeutig, daß die Verrechnung der Fixkosten mit Hilfe von Zuschlagssätzen eine abgewandelte Abteilungskalkulation, d. h. eine Vollkostenkalkulation ist.

Ein Kompromiß zwischen Teil- und Vollkostenkalkulation besteht darin, nur die Artikelfixkosten und die Artikelgruppenfixkosten auf Basis der Planbeschäftigung (Plan-Einstandskosten bzw. Plan-Einzelkosten) zu verteilen. Es werden Gesamtkosten der Warengruppen ermittelt, ohne die übrigen Fixkosten zu schlüsseln.

(3) Ebenso wie die beiden genannten Verfahren der Teilkostenkalkulation liefert auch die **Einzelkostenrechnung** nicht die erforderlichen Unterlagen zur Errechnung eines kostengerechten Verkaufspreises. Eine Schlüsselung der nicht zurechenbaren Gemeinkosten wird im System der relativen Einzelkostenrechnung strikt abgelehnt.

	beschaffungsbedingte Einzelkosten
+	manipulationsbedingte Einzelkosten
+	absatzbedingte Einzelkosten
=	zurechenbare Einzelkosten

Das **Dilemma der Preiskalkulation**, daß die entscheidungsorientierte Teilkostenrechnung einerseits wenig brauchbare Unterlagen zur Verkaufspreisfindung liefert, daß die Vollkostenrechnung wegen der problematischen Kostenschlüsselung aber andererseits zu Fehlentscheidungen führen kann, versucht die Praxis häufig dadurch zu umgehen, daß sie neben den zurechenbaren Teilkosten **Soll-Deckungsbeiträge** ansetzt, die zur Abdeckung der nicht zurechenbaren Kosten und des Gewinns dienen sollen.

In Theorie und Praxis wird die folgende Vorgehensweise zur Vorgabe von Soll-Deckungsbeiträgen empfohlen:

a) Im Rahmen der Jahresplanung ist der **Plan-Gewinn** der kommenden Abrechnungsperiode festzulegen (z. B. 500 TDM).

b) Auf Basis der Planbeschäftigung werden die **Unternehmungs-Fixkosten** budgetiert (z. B. 3 000 TDM).

c) Plan-Gewinn und Plan-Fixkosten ergeben den **gesamten Soll-Deckungsbeitrag** (3 500 TDM).

d) Dieses Gesamt-Deckungsbudget muß auf die Unternehmungsbereiche (Profit Center) aufgeteilt werden. Das geschieht aber nicht – wie in der Vollkostenrechnung – mit scheinbar genauen Schlüsselungen nach dem Verursachungsprinzip, sondern unter Mitwirkung der Bereichsleiter nach dem Tragfähigkeitsprinzip (vgl. das Zahlenbeispiel). Für die Bereichsleiter ist ihr **jeweiliger Soll-Deckungsbeitrag** die wichtigste Ergebnisvorgabe, mit der sie sich identifizieren müssen.

Vorgabe von Soll-Deckungsbeiträgen (in TDM)

	Unternehmung gesamt	Bereich A	Bereich B	Bereich C			
				gesamt	Warengr. C I	Warengr. C II	Warengr. C III
Plan-Gewinn	500						
+ geplante Unternehmungs-Fixkosten	3 000						
= Gesamt-Soll-DB, aufgeteilt auf Bereiche	3 500 →	1 500	1 200	800			
+ geplante Bereichs-Fixkosten		700	400	400			
= Bereichs-Soll-DB,		2 200	1 600	1 200			
aufgeteilt auf Warengruppen		x	x	→	500	400	300
+ geplante Gruppen-Fixkosten		x	x		400	250	350
= Gruppen-Soll-DB		x	x		900	650	650

Die Bereiche A und B sind ebenfalls nach Warengruppen aufzugliedern.

e) In einem weiteren Planungsschritt werden zum Bereichs-Soll-Deckungsbeitrag die **geplanten Bereichs-Fixkosten** addiert. Anschließend ist dieses Deckungsbudget auf die einzelnen Warengruppen des Bereichs – wiederum nach dem Tragfähigkeitsprinzip – aufzuteilen.

f) Eine weitere mehrstufige Aufteilung der Soll-Deckungsbeiträge bis hin zum einzelnen Artikel sollte jedoch vermieden werden. Dadurch würde der kalkulatorische Ausgleich innerhalb der Warengruppe gefährdet (vgl. den folgenden Abschnitt). Eine kostenorientierte Stückkalkulation wird also abgelehnt.

Den Verantwortlichen der Warengruppen bleibt es vorbehalten, ihre Preis- und Sortimentspolitik marktorientiert so zu gestalten, daß sie die monatlichen Soll-Deckungsbeiträge ihrer Warengruppe erreichen. Dazu werden in Plan-Ist-Vergleichen die realisierten Deckungsbeiträge den Soll-Deckungsbeiträgen gegenübergestellt, um Abweichungen feststellen und rechtzeitig gegensteuern zu können. Daneben müssen die Leiter der Warengruppe ihre Gruppen-Fixkosten im Auge behalten, weil sie sonst Gefahr laufen, einen zu niedrigen Deckungsbeitrag an ihren Bereich „abzuliefern". Sie haben also sowohl eine Erlös- als auch eine Kostenverantwortung.

VI. Spezialprobleme der Kalkulation im Handel

1. Ausgleichskalkulation

Die Kosten- und Erlösverbundenheiten im Sortiment eines Handelsbetriebes verbieten oftmals, Auswahlentscheidungen lediglich auf der Basis von Kalkulationen der einzelnen Artikel zu treffen. Sowohl die Vollkostenrechnung als auch die Teilkostenrechnung betrachten die einzelnen Artikel isoliert und lassen Ausstrahlungseffekte außer acht. In der Praxis wird diesen Effekten dagegen zu Recht große Bedeutung beigemessen.

Der Handelsbetrieb versucht einen **kalkulatorischen Ausgleich** zwischen ergebnisstarken und ergebnisschwachen Artikeln herbeizuführen. In der Praxis werden ergebnisschwache Artikel häufig als „Verlustartikel" bezeichnet, wenn ihr Nettoergebnis im System der Vollkostenrechnung negativ ist oder auch dann, wenn ihre Handelsspanne niedriger ist als die Durchschnittsspanne des Sortiments. Die Teilkostenrechnung macht jedoch deutlich, daß kurzfristig erst negative Ergebnisauswirkungen auftreten, wenn das Bruttoergebnis, d. h. der Deckungsbeitrag negativ ist. Aber auch dann sind positive Verbundwirkungen zu berücksichtigen.

Beispiel einer Ausgleichskalkulation (in TDM) (als Abteilungs- und Differenzkalkulation)

	Abteilung I		
	Artikel 1	Artikel 2	Artikel 3
(1) Einstandskosten	2 600	1 400	1 000
(2) + Handlungs-Einzelkosten	200	150	130
(3) = Artikel-Einzelkosten (1) + (2)	2 800	1 550	1 130
(4) Stellen-Einzelkosten (1 000 TDM) geschlüsselt nach (1)	520	280	200
(5) + Stellen-Gemeinkosten (6 % von (1))	156	84	60
(6) = Artikel-Gemeinkosten (4) + (5)	676	364	260
(7) = Selbstkosten (3) + (6)	3 476	1 914	1 390
(8) notwendiger Gewinnzuschlag	208 (8 %) + 148 ←	↑	↑
(9) fehlender Gewinnzuschlag (bei 8 % Soll)	↓	./. 118 ↑	./. 30 ↑
(10) erreichbarer Gewinnzuschlag	↓	./. 6 ↑	+ 50 ↑
(11) gebundene bzw. maximal erzielbare Barverkaufserlöse (13) x (14)	↓	1 908 ↑	1 440 ↑
(12) notwendiger Barverkaufserlös	3 832	↑	↑
(13) geplante Absatzmenge (in 1000 Stück)	200	90	80
(14) Barverkaufspreis	19,16 DM	21,20 DM	18,00 DM

Im Zahlenbeispiel werden die Selbstkosten der drei Artikel der Abteilung I im Rahmen einer Abteilungskalkulation ermittelt. Die übrigen Abteilungen bleiben außerhalb der Betrachtung.

Die Barverkaufspreise der Artikel 2 und 3 sind gebunden bzw. als Höchstpreise durch den Markt vorgegeben (Zeile 14). Die Fragestellung der Ausgleichskalkulation lautet: Wie hoch ist der Barverkaufspreis des frei kalkulierbaren Artikels 1 anzusetzen, um einen durchschnittlichen Gewinnzuschlag von 8 % auf die Einstandskosten in der Abteilung I zu erreichen?

Artikel 2 ist in der Vollkostenkalkulation ein „Verlustartikel", da die Barverkaufserlöse (Zeile 11) die Selbstkosten (Zeile 7) nicht abdecken:

	Barverkaufserlöse:		1 908 TDM
./.	Selbstkosten:		1 914 TDM
=	Verlust	./.	6 TDM
./.	fehlender Gewinnzuschlag (8 % von 1 400 TDM)	./.	112 TDM
=	von Artikel 1 zu tragen:		118 TDM

Artikel 3 erreicht zwar ein positives Ergebnis, aber nicht den angestrebten Gewinnzuschlag von 8 %:

	Angestrebter Gewinnzuschlag:	80 TDM
./.	erreichbarer Gewinnzuschlag:	50 TDM
=	von Artikel 1 zu tragen:	30 TDM

Artikel 1 ist der Ausgleichsträger, der neben dem 8 %igen Gewinnzuschlag noch die fehlenden 118 + 30 TDM kalkulatorisch ausgleicht, weil der Verkaufserlös des Artikels 1 entsprechend erhöht wird.

Um den Verkaufspreis für Artikel 1 zum kalkulatorischen Ausgleich zu errechnen, muß für die Artikel 2 und 3 als Ausgleichsnehmer eine Differenzkalkulation durchgeführt werden, an die sich dann für Artikel 1 eine progressive Absatzkalkulation anschließt.

Als Ausgleichsträger bieten sich Artikel an, die keinem scharfen Preiswettbewerb ausgesetzt sind, da sie durch Produktdifferenzierung oder andere präferenzbildende Maßnahmen schwer vergleichbar sind. Daneben muß das Absatzvolumen der Ausgleichsträger ausreichen, Gewinneinbußen der Ausgleichsnehmer genügend zu kompeniseren.

2. Kalkulation von Aktionspreisen

Insbesondere im Lebensmittel-Einzelhandel wird oftmals ein Maßstab für die Leistungsfähigkeit eines Handelsbetriebes in der Durchführung von Niedrigpreis-Aktionen gesehen. In der Praxis werden kurzfristige Preisaktionen in der Unternehmensplanung berücksichtigt, beispielsweise durch **Einplanung eines „Aktionsfonds"**, der Verluste aus Spannenminderungen trägt. Die Höhe des Aktionsfonds kann wöchentlich oder monatlich als absoluter Betrag oder als Prozentwert z. B. vom Umsatz geplant werden.

Voraussetzung für die Ermittlung der Fondsbeanspruchung ist es, daß die üblichen Verkaufsmengen durch Planung oder Erfahrungssätze bekannt sind, wie ein Zahlenbeispiel in der folgenden Tabelle zeigt.

- Bei **Artikel 1** konnte die Beanspruchung des Fonds dadurch verringert werden, daß ein Sonder-Einstandspreis vom Lieferanten gewährt wurde.
- Bei **Artikel 2** wurde ein Aktionspreis unterhalb der Einstandskosten festgelegt. Der Fonds wird dadurch besonders stark beansprucht.
- Bei **Artikel 3** errechnet sich sogar eine gesteigerte Handelsspanne, weil die Mengensteigerung die Preissenkung überkompensiert.

Insgesamt wird der Aktionsfonds pro Tag in Höhe von 44,50 DM beansprucht. Um das Gesamtergebnis durch die Aktionsverluste nicht negativ zu beeinflussen, müssen die übrigen Artikel – wie in der Ausgleichskalkulation beschrieben – entsprechend mit höheren Zuschlägen kalkuliert werden. Die Länge der Aktionen hängt von der Einkaufshäufigkeit der Kunden und von der Höhe des geplanten Fonds ab. Als Aktionsartikel eignen sich einerseits Artikel, die beim Kunden Signalwirkung wegen eines starken Preiswettbewerbs auslösen (z. B. Kaffee), andererseits Artikel, die von den Mitwettbewerbern nicht gleichzeitig als Aktionsware angeboten werden können, weil kurzfristige Beschaffungsengpässe auftreten (z. B. Obst und Gemüse).

Die Aktionskalkulation unterliegt der Problematik, daß ständige Aktionen das Einkaufsverhalten der Kunden beeinflussen, indem schwerpunktartig Aktionsartikel in größeren Mengen eingekauft werden. Dadurch werden die „Normalverkaufsmengen" kontinuierlich geringer, die Aktionsverkäufe nehmen zu. Die Spannverluste vergrößern sich als Folge, ganz abgesehen davon, daß es schwierig wird, überhaupt noch eine „Normalverkaufsmenge" zu ermitteln.

Kalkulation von Aktionen

	Artikel 1	Artikel 2	Artikel 3
(1) übliche Verkaufsmenge/Tag	100	150	220
(2) üblicher Verkaufspreis/ Einheit (DM)	4,98	1,38	2,49
(3) übliche Umsatzerlöse (DM)	498, –	207, –	547,80
(4) Einstandspreis (DM)	3,83	1,15	1,99
(5) übliche Einstandskosten (DM) (1) x (4)	383, –	172,50	437,80
(6) übliche Handelsspanne (DM) (3) – (5)	+ 115, –	+ 34,50	+ 110, –
(7) vorhandene oder geplante Aktionsmenge (Tag)	200	350	700
(8) Aktionspreise/Einheit (DM)	3,98	1,09	2,19
(9) Aktionsumsatz (DM)	796, –	381,50	1 533, –
(10) Einstandskosten der Aktion (DM) (4) x (7)	700, – (Sonder-Einstandspreis: DM 3,50)	402,50	1 393, –
(11) Handelsspanne der Aktion (DM)	+ 96, –	./. 21, –	+ 140, –
(12) Beanspruchung des Aktionsfonds (DM/Tag) (11) – (6)	./. 19, –	./. 55,50	+ 30, –

Je nach den vorliegenden Bedingungen lassen sich verschiedene Verfahren der Kalkulation im Handel anwenden:

- die **Divisionskalkulation** zur schnellen Überschlagsrechnung,
- die **Zuschlagskalkulation** zur genaueren Berücksichtigung der Artikel-Einzelkosten,
- die **Abteilungskalkulation** als verfeinerte Form der Zuschlagskalkulation zur Berücksichtigung von Stellen-Einzelkosten,
- die **Teilkostenkalkulation** als logischer Bestandteil einer entscheidungsorientierten Teilkostenrechnung.

Damit werden von der Kosten- und Leistungsrechnung Unterlagen zur Preispolitik geliefert. Sie dienen jedoch in der Regel nur zur Erhöhung der Transparenz, um den Entscheidungsträgern die Konsequenzen der notwendigerweise absatzorientierten Preispolitik vor Augen zu führen.

Frage:

31. Welche Schwierigkeit besteht in der Teilkostenkalkulation bei der Errechnung eines kostenorientierten Verkaufspreises, und wie versucht man, die Schwierigkeit zu umgehen?

E. Kurzfristige Ergebnisrechnung im Handel

Lernziel:

> Nachdem der Leser die Anwendungsmöglichkeiten verschiedener Kalkulationsverfahren im Handel kennengelernt hat, soll er in diesem Kapitel lernen, daß zur Vervollständigung der Kostenträgerrechnung Verfahren der Kurzfristigen Ergebnisrechnung (KER) anzuwenden sind.
> Der Leser soll nach Durcharbeiten dieses Kapitels
> – wissen, welche KER-Verfahren dem Handel zur Verfügung stehen und wie sie aufgebaut sind sowie
> – beurteilen können, welches Verfahren in seiner Handelsbranche am geeignetsten ist.

I. Grundlagen

Mit den im Kapitel D beschriebenen Kalkulationsverfahren wurde die Kostenträgerstückrechnung angesprochen. Bereits bei der Abteilungskalkulation wurde deutlich, daß zur Berechnung des kostenorientierten Verkaufspreises eine zeitraumbezogene Erfassung der Abteilungs-Einzelkosten und der Gemeinkosten erforderlich ist. Die Kurzfristige Ergebnisrechnung als **Kostenträgerzeitrechnung** wird hier zur Voraussetzung für die Kostenträgerstückrechnung.

Vorrangig hat die Kurzfristige Ergebnisrechnung (KER) die **Aufgabe,**

– die Unternehmensführung über die **monatliche Ergebnisentwicklung** zu informieren;

– dabei werden neutrale Erfolge vom Gesamtergebnis saldiert, um die Entwicklung des **Betriebsergebnisses** darzulegen (vgl. Seite 12);

– daneben wird das Betriebsergebnis in die **Beiträge einzelner Produktgruppen** oder anderer Leistungsbereiche zerlegt, um die Ertragskraft dieser Leistungsbereiche besser beurteilen und den Verantwortlichen der Bereiche aktuelle betriebswirtschaftliche Informationen liefern zu können. Diese sollen in die Lage versetzt werden, laufend situationsbezogen Entscheidungen – insbesondere in der Sortimentspolitik – treffen zu können.

Speziell im Einzelhandel sind zwei Verfahren der Kurzfristigen Ergebnisrechnung entwickelt worden, die als **Bruttoertragsrechnungen** bezeichnet werden, weil sie vom Umsatz nur die Wareneinstandskosten abziehen, um den Bruttoertrag einer Warengruppe zu errechnen.

Zu unterscheiden sind

- das Einstandswertverfahren und
- das Verkaufswertverfahren.

Beide Verfahren sind ohne eine ausgebaute Kosten- und Leistungsrechnung anwendbar, weil auf eine Zurechnung der Handlungskosten auf die Warengruppen verzichtet wird.

Die Bruttoertragsrechnungen können durch die Zurechnung von direkt oder indirekt verursachten Handlungskosten zu **Periodenerfolgsrechnungen** weiterentwickelt werden. Hierbei wird unterschieden zwischen

- Gesamtkostenverfahren und
- Umsatzkostenverfahren
  - auf Vollkostenbasis,
  - auf Grenzkostenbasis.

II. Die KER als Bruttoertragsrechnung

1. Aufgabenstellung

Die Bruttoertragsrechnungen werden im Einzelhandel in der Regel monatlich und zwar getrennt nach Warengruppen durchgeführt, um Unterlagen für die Sortiments- und Preispolitik zu erhalten.

Die Begriffe „Bruttoertrag" und „Rohertrag" sind dabei zu unterscheiden. Im Umsatz des Einzelhandels ist die Mehrwertsteuer enthalten, während der Wareneinstand ohne Mehrwertsteuer ausgewiesen wird. Als Differenz ergibt sich der Bruttoertrag.

Bruttoertrag	=	Umsatz (einschl. MWSt)
	–	Wareneinstand (ohne MWSt)

Der Bruttoertrag als absoluter Wert kann auch in Bezug zum Umsatz gesetzt werden, wodurch sich die Bruttoertragsspanne ermitteln läßt.

$$\text{Bruttoertragsspanne} = \frac{\text{Umsatz} - \text{Wareneinstand}}{\text{Umsatz}} \times 100$$

Wird das Mehrwertsteuer-Inkasso vom Bruttoertrag abgezogen, erhält man den Rohertrag bzw. die Handelsspanne.

Rohertrag	=	Bruttoertrag
	–	MWSt-Inkasso

$$\text{Handelsspanne} = \frac{\text{Bruttoertrag} - \text{MWSt-Inkasso}}{\text{Umsatz}} \times 100$$

Diese beiden Werte kommen in den Bruttoertragsrechnungen des Einzelhandels nicht vor, weil das Mehrwertsteuer-Inkasso aus Vereinfachungsgründen vom Umsatz nicht saldiert wird.

Während die Umsatzerfassung in aller Regel keine Schwierigkeiten bereitet, kann die **Erfassung des Wareneinstandes** im Einzelhandel Probleme verursachen. In den meisten Branchen des Einzelhandels hat sich eine direkte Erfassung des Warenausganges gleichzeitig zu Einstandswerten und zu Verkaufspreisen noch nicht durchsetzen können. Allerdings ist die Installierung entsprechender Kassensysteme mit Scannern im Vormarsch.

Sofern ein Einzelhandelsbetrieb zu einer direkten Erfassung des Wareneinsatzes noch nicht in der Lage ist, muß der entsprechende Wert des Wareneinsatzes rechnerisch ermittelt werden. Je nach Rechensystem wird zwischen Einstandswert- und Verkaufswertverfahren unterschieden.

2. Das Einstandswertverfahren (EWV)

Wie der Name sagt, werden im EWV sämtliche relevanten Angaben zu Einstandswerten gemacht. Deshalb eignet sich dieses Verfahren insbesondere für solche Einzelhandelsbranchen, die nicht mit festen Verkaufspreisen je Stück arbeiten.

Als **Grunddaten** liegen vor:

- der Wareneingang zu Einstandswerten;
- der Waren-Anfangsbestand zu Einstandswerten aus der Jahresinventur;
- der Umsatz zu Verkaufswerten.

Der Umsatz muß im EWV auf Einstandswerte zurückgerechnet werden, d. h. der Wareneinsatz muß errechnet werden. Rein theoretisch könnte diese Ermittlung an jedem Monatsende mit Hilfe einer Inventur erreicht werden. Da dieses aus Gründen der Praktikabilität im allgemeinen ausscheidet, bleibt als einfache, aber auch ungenaue Möglichkeit die Schätzung des monatlichen Wareneinsatzes mit Hilfe von Erfahrungssätzen. Dazu wird meist die erreichte Bruttoertragsspanne des Vorjahres herangezogen, die gegebenenfalls um erwartete Kalkulationsänderungen korrigiert werden kann.

Beispiel:

In der Warengruppe 4812 werden im Januar 1989 folgende Daten ermittelt:

– Wareneingang (zu EW):	58 735 DM
– Waren-Anfangsbestand per 1.1.1989 (zu EW):	217 176 DM
– Umsatz (zu VW):	124 638 DM
– geschätzte Bruttoertragsspanne (aus Vorjahreswerten abgeleitet):	44,2 %

Das EWV verläuft in folgenden **Rechenschritten:**

1) Bruttoertrag $= \frac{124\,638 \text{ DM} \times 44{,}2}{100} = 55\,090 \text{ DM}$

2) Wareneinsatz = Umsatz – Bruttoertrag
= 124 638 DM – 55 090 DM = 69 548 DM

3) Lager-Endbestand per 31.1.1989 (zu EW)

= Anfangsbestand + Wareneingang – Wareneinsatz
= 217 176 DM + 58 735 DM – 69 548 DM
= 206 363 DM

4) Durchschnittlicher Lagerbestand (zu EW)

$$= \frac{\text{Lager-Anfangsbestand per 1.1.} + \text{Summe der Monatsendbestände}}{\text{Anzahl der Monate} + 1}$$

$$= \frac{217\,176 \text{ DM} + 206\,363 \text{ DM}}{2}$$

= 211 769,50 DM

5) Lagerumschlagsgeschwindigkeit (LUG)

$$= \frac{\text{Wareneinsatz kumuliert}}{\text{durchschnittlicher Lagerbestand}}$$

$$= \frac{69\,548 \text{ DM}}{211\,769{,}50 \text{ DM}}$$

= 0,3284 x

Ohne Berücksichtigung von Saisonschwankungen läßt sich daraus eine jährliche Lagerumschlagsgeschwindigkeit von 0,3284 x 12 = 3,94 x hochrechnen. Weniger schematisch kann auf die Jahres-LUG hochgerechnet werden, wenn im Multiplikationsfaktor der branchenübliche Saisonverlauf berücksichtigt wird.

Die LUG ist ein wesentlicher Einflußfaktor des Kapitalumschlages. Eine geringe Kapitalbindung im Warenbestand und somit eine hohe LUG wirkt sich

a) positiv auf die Rentabilität des eingesetzten Kapitals aus;

b) daneben hat das Unternehmen einen geringeren Kapitalbedarf bzw. eine höhere Liquidität;

c) zusätzlich wird der Gewinn positiv beeinflußt, weil hohe Lagerbestände zu Wertminderungen unverkäuflicher Ware und ein nichtaktuelles Warenangebot zu Umsatzeinbußen führen würden sowie höhere Lagerhaltungskosten und Finanzierungskosten zu verkraften wären.

Es sei noch einmal darauf hingewiesen, daß das Einstandswertverfahren nur ein **einfaches Schätzverfahren** ist. Je ungenauer die Bruttoertragsspanne geschätzt wird, desto fehlerhafter sind sämtliche errechneten Werte.

Deshalb ist das EWV auch nur empfehlenswert für solche Einzelhandelsbetriebe, die bisher auf eine KER völlig verzichtet haben oder die das Verkaufswertverfahren wegen fehlender fester Verkaufspreise nicht anwenden können, weil mit Mengen- oder Staffelpreisen gearbeitet wird.

3. Das Verkaufswertverfahren (VWV)

Im Vergleich zum EWV lassen sich mit Hilfe des VWV genauere Werte ermitteln. Das liegt daran, daß zwischen einer **vorkalkulierten Spanne** und einer **erreichten Spanne** unterschieden wird. Zu diesem Zweck werden die **Preisänderungen**, die innerhalb einer Warengruppe im abgelaufenen Monat vorgenommen wurden, gesondert erfaßt. Außerdem werden alle notwendigen Daten zunächst zu Verkaufswerten ausgewiesen.

Als **Grunddaten** werden im VWV benötigt:

- der Wareneingang zu Einstandswerten und zu Verkaufswerten: als Differenz ergibt sich der vorkalkulierte Bruttoertrag;
- der Waren-Anfangsbestand zu Verkaufswerten aus der Jahresinventur, wobei einmalig bei Einführung des VWV die Warenbestände sowohl zu EW als auch zu VW aufgenommen werden müssen;
- der Umsatz;
- die Preisänderungen.

Beispiel:

In der Warengruppe 4812 werden im Januar 1989 folgende Daten ermittelt:

– Wareneingang	
– zu EW:	58 735 DM
– zu VW:	112 990 DM
– Waren-Anfangsbestand per 1.1.1989:	
– zu EW:	217 176 DM
– zu VW:	378 619 DM
– Umsatz (zu VW):	124 638 DM
– Preisänderungen:	11 237 DM

Das VWV verläuft in folgenden **Rechenschritten:**

1) Vorkalkulierte Bruttoertragsspanne des Waren-Anfangsbestandes

$$= \frac{378\,619 \text{ DM} - 217\,176 \text{ DM}}{378\,619 \text{ DM}} \times 100$$

$$= 42,64\ \%$$

2) Vorkalkulierte Bruttoertragsspanne des Wareneinganges

$$= \frac{112\,990 \text{ DM} - 58\,735 \text{ DM}}{112\,990 \text{ DM}} \times 100$$

$$= 48,02\ \%$$

3) Aus den ersten beiden Rechenschritten läßt sich die **vorkalkulierte Bruttoertragsspanne** ableiten, die sich auf die gesamte im Januar 1989 zur Verfügung stehende Ware bezieht

$$= \frac{(378\,619 \text{ DM} + 112\,990 \text{ DM}) - (217\,176 \text{ DM} + 58\,735 \text{ DM})}{378\,619 \text{ DM} + 112\,990 \text{ DM}} \times 100 = 43{,}87593\ \%$$

Um die tatsächlich erreichte Spanne zu ermitteln, werden die nachfolgenden Rechenschritte notwendig.

4) Lager-Endbestand per 31.1.1989 (zu VW)

= Anfangsbestand (zu VW):	378 619 DM
+ Wareneingang (zu VW):	112 990 DM
– Umsatz:	124 638 DM
– Preisänderungen:	11 237 DM
	355 734 DM

5) Dieser Lager-Endbestand zu VW wird mit Hilfe der in Rechenschritt 3) ermittelten Spanne auf seinen Einstandswert abgewertet. Dabei wird von der Hypothese ausgegangen, daß die Warenausgänge des Januars hinsichtlich der vorkalkulierten Spanne genau der gesamten im Januar zur Verfügung stehenden Ware entsprechen.

Lager-Endbestand per 31.1.1989 (zu EW)

$$= \text{Lager–EB (zuVW)} - \frac{\text{Lager-EB (zu VW)} \times \text{vorkalkulierte Spanne}}{100}$$

$$= 355\,734 \text{ DM} - \frac{355\,734 \text{ DM} \times 43{,}87593}{100}$$

$$= 199\,652 \text{ DM}$$

6) Wareneinsatz

= Lager-Anfangsbestand (zu EW):	217 176 DM
+ Wareneingang (zu EW):	58 735 DM
– Lager-Endbestand (zu EW):	199 652 DM
	76 259 DM

7) Erreichter Bruttoertrag

= Umsatz:	124 638 DM
– Wareneinsatz:	76 259 DM
	48 379 DM

8) Erreichte Bruttoertragsspanne

$$= \frac{48\,379 \text{ DM}}{124\,638 \text{ DM}} \times 100$$

$$= 38{,}82\ \%$$

9) Durchschnittlicher Lagerbestand (zu VW)

$$= \frac{378\,619 \text{ DM} + 355\,734 \text{ DM}}{2}$$

= 367 176,50 DM

10) Lagerumschlagsgeschwindigkeit

$$= \frac{124\,638 \text{ DM}}{367\,176{,}50 \text{ DM}}$$

= 0,3394 x

Ein Vergleich zwischen EWV und VWV zeigt, daß es bei allen ermittelten Kennzahlen zu abweichenden Ergebnissen kommt. Als Ursache sind die unterschiedlichen Ansätze der Bruttoertragsspannen zu erkennen. Im vorliegenden Zahlenbeispiel wird zwar der Wareneingang mit einer Spanne von 48,02 % kalkuliert, die Lagerbestände weisen jedoch nur eine Spanne von 42,64 % auf. Als gewichtetes arithmetisches Mittel wird somit im VWV nur eine Spanne von 43,88 % berücksichtigt (Rechenschritt 3). Diese vorkalkulierte Spanne ist noch um die im Januar vorgenommenen Preissenkungen zu kürzen, so daß die tatsächlich erreichte Spanne nur 38,82 % beträgt (Rechenschritt 8). Im EWV wurde demgegenüber eine erreichte Spanne von 44,2 % geschätzt. Dieser Schätzfehler führt im EWV zu einem überhöhten Bruttoertrag.

Betrieben, denen das oben dargestellte VWV als zu aufwendig erscheint, können auf die Ermittlung der Warenbestandszahlen, des Wareneinsatzes und auf die LUG verzichten, wenn nur der erreichte Bruttoertrag von Interesse ist.

Beispiel: Vereinfachtes VWV

	Umsatz:	124 638 DM
+	Preisänderungen:	11 237 DM
=	„Soll-Umsatz“:	135 875 DM
x	vorkalkulierte Bruttoertragsspanne der zur Verfügung stehenden Ware:	0,4387593
=	„Soll-Bruttoertrag“ (zu VW):	59 616 DM
—	Preisänderungen:	11 237 DM
=	Erreichter Bruttoertrag:	48 379 DM
:	Umsatz x 100	124 638 DM x 100
=	Erreichte Bruttoertragsspanne:	38,82 %

Beurteilung des VWV:

Das VWV erweist sich zwar als rechentechnisch aufwendiger, es liefert jedoch in der Regel genauere und umfassendere Informationen im Vergleich zum EWV. Im VWV kann die

Höhe der vorkalkulierten Bruttoertragsspanne erfaßt und ihre monatliche Entwicklung verfolgt und kontrolliert werden. Außerdem werden die monatlichen Preisänderungen erfaßt und ihre Auswirkungen auf die erreichte Spanne dargestellt.

Obwohl das VWV im Vergleich zum EWV erheblich genauer ist, können auch im VWV Ungenauigkeiten auftreten:

- **Bestandsfortschreibung**
  Die monatliche Bestandsfortschreibung erfolgt rechnerisch. Die körperliche Bestandsaufnahme der Warenvorräte wird am Jahresende in aller Regel Inventurdifferenzen aufdecken. Der erreichte Bruttoertrag wird dementsprechend geschmälert.

- **Preisänderungen**
  Eine weitere Ungenauigkeit tritt im VWV auf, weil unterstellt wird, daß die im laufenden Monat vorgenommenen Preisänderungen sich nur auf solche Ware beziehen, die auch in diesem Monat verkauft wird. Beziehen sich die Preisänderungen auf Waren, die am Monatsende noch auf Lager sind, dürfte der Bruttoertrag dieses Monats nicht reduziert werden, sondern erst der Bruttoertrag des Verkaufsmonats.

  Da jedoch Preisänderungen laufend in allen Monaten vorgenommen werden, dürften sich die monatlichen Differenzen weitgehend kompensieren.

- **Sortimentsverschiebungen**
  Im Rechenschritt 5) des VWV wird unterstellt, daß die verkaufte Ware im Durchschnitt eine vorkalkulierte Spanne in genau gleicher Höhe wie die zur Verfügung stehende Ware hat. Durch Sortimentsverschiebungen können jedoch mehr oder minder große Unterschiede zwischen Bestandsspanne und Umsatzspanne auftreten.

Dazu ein **Beispiel**:

Waren-Anfangsbestand per 1.1.1989	
– zu EW:	50 000 DM
– zu VW:	100 000 DM
Wareneingang Januar 1989	
– zu EW:	10 000 DM
– zu VW:	35 000 DM

Daraus errechnet sich eine vorkalkulierte Bruttoertragsspanne	
– auf den Anfangsbestand:	50,0 %
– auf den Wareneingang:	71,4 %
– auf die zur Verfügung stehende Ware:	55,5 %

Angenommen, nur die im Januar eingegangene Ware wird auch im Januar zu 35 000 DM verkauft. Der Waren-Endbestand per 31.1.1989 zu EW beläuft sich in diesem Fall auf 50 000 DM, der erreichte Bruttoertrag beträgt 25 000 DM, die erreichte Spanne entspricht der vorkalkulierten Spanne von 71,4 %, sofern keine Preisänderungen vorgenommen werden.

Im VWV würde statt dessen der Waren-Endbestand (zu VW) in Höhe von 100 000 DM mit der vorkalkulierten Durchschnittsspanne von 55,5 % abgewertet, um zum Waren-Endbestand (zu EW) zu kommen (Rechenschritt 5 des VWV):

$$100\,000 \text{ DM} - \frac{100\,000 \text{ DM} \times 55{,}5}{100} = 44\,500 \text{ DM}.$$

Daraus errechnet sich ein Wareneinsatz von 15 500 DM (Rechenschritt 6), ein erreichter Bruttoertrag von 19 500 DM (Rechenschritt 7) sowie eine erreichte Spanne von 56 % (Rechenschritt 8).

Daraus folgt: Änderungen in der Bruttoertragsspanne, die durch Sortimentsverschiebungen hervorgerufen werden, werden im VWV nicht berücksichtigt.

4. Organisatorische Voraussetzungen der Bruttoertragsrechnungen

Da die Kurzfristigen Ergebnisrechnungen insbesondere Entscheidungsunterlagen zur Sortimentspolitik liefern sollen, ist eine getrennte Erfassung aller notwendigen Kennzahlen für jede einzelne Warengruppe erforderlich.

a) Erste Voraussetzung ist die **Erstellung eines Warengruppenplanes** für das gesamte im Betrieb geführte Sortiment. Dabei sollte weniger nach warenkundlichen Kriterien vorgegangen werden, sondern stärker unter sortimentspolitischen Gesichtspunkten bedarfsverwandte Artikel zu Warengruppen zusammengefaßt werden.

Beispielsweise sollen Saisonartikel vom übrigen Sortiment getrennt werden. Auch Dienstleistungen wie Reparaturen sollen gesondert ausgewiesen werden, weil eine Zusammenfassung mit der Handelsware die Kalkulation verzerren würde. Eine Orientierung des Warengruppenplanes an der räumlichen Placierung der Ware im Verkaufsraum würde zwar die körperliche Bestandsaufnahme nach Warengruppen erleichtern; bei der heute üblichen Flexibilität der Warenplacierung im Einzelhandel ist eine solche Vorgehensweise aber nicht empfehlenswert.

Wie tiefgehend ein Warengruppenplan gegliedert sein sollte, hängt entscheidend von der Betriebsgröße ab. Die Betriebswirtschaftliche Beratungsstelle für den Einzelhandel (BBE) empfiehlt für Einzelhandelsbetriebe mit unter 1 Mio. DM Umsatz bis zu 15 Warengruppen, für größere Betriebe eine Trennung des Sortimentes in 15 bis etwa 30 Warengruppen. Vom BBE, den Instituten für Handelsforschung und von den Einzelhandelsverbänden sind für die einzelnen Branchen Musterpläne entworfen worden, die von der Praxis in großem Umfang verwendet werden.

b) Als nächster Schritt muß bei der Einführung der Bruttoertragsrechnungen der **Warenbestand nach Warengruppen getrennt erfaßt** werden; denn nur auf Basis einer Inventur können die monatlichen Lagerbestände je Warengruppe fortgeschrieben werden. Die Bestandsaufnahme wird erheblich erleichtert, wenn jedes Artikeletikett mit der zugehörigen Warengruppe gekennzeichnet ist.

Während beim EWV die Warenbestände zu Einstandswerten zu erfassen sind, ist es bei Einführung des VWV – wie bereits gesagt – erforderlich, die Bestände einmalig zu Einstands- und Verkaufswerten zu erfassen. In den Folgejahren kann die Inventur zu Verkaufswerten durchgeführt werden.

c) Ebenso wie die Warenbestände müssen auch **die monatlichen Wareneingänge nach dem Warengruppenplan aufgeteilt** werden. Für jede Warengruppe wird ein eigenes Wareneingangskonto geführt. Ansonsten wird die Warengruppenzugehörigkeit im Wareneingangsbuch bzw. auf den Wareneingangsbögen vermerkt oder EDV-mäßig erfaßt.

Sowohl im EWV als auch im VWV sind die Eingänge zu Einstandswerten zu erfassen. Neben den Einkaufspreisen müssen auch die Bezugskosten warengruppenspezifisch ermittelt werden. Im allgemeinen werden sie am Monatsende anteilig den Warengruppen zugeteilt. Im VWV sind zusätzlich beim Wareneingang die Verkaufspreise anzugeben, um den vorkalkulierten Bruttoertrag ermitteln zu können.

d) Jeder **Warenausgang** ist gleichfalls nach Warengruppen getrennt zu ermitteln. Dabei handelt es sich um Bar- und Kreditverkäufe, aber auch um Privatentnahmen und Personaleinkäufe. Die Trennung der Umsätze nach Warengruppen kann am einfachsten mit Hilfe von Scanner-Kassen erreicht werden.

e) Letztlich sind auch **die monatlich vorgenommenen Preisänderungen je Warengruppe festzuhalten.** Dabei handelt es sich im allgemeinen um Preisherabsetzungen für Sonderangebote, Schlußverkäufe oder Restbestände. Ebenso sind hier Preisnachlässe für fehlerhafte Ware, Personalrabatte, Werbegeschenke oder Privatentnahmen anzusetzen.

f) Die KER als Bruttoertragsrechnung kann manuell durchgeführt werden. Sie läßt sich jedoch mit **Hilfe der EDV** erheblich vereinfachen, weil – insbesondere im VWV – eine Vielzahl von Daten – abhängig von der Anzahl der Warengruppen – verarbeitet werden muß. Die EDV-Anbieter stellen den Einzelhandelsbranchen spezifische Software zur Auswertung der KER zur Verfügung.

Abschließend bleibt festzustellen, daß beide Verfahren der Bruttoertragsrechnung als Maßstab für die Ertragskraft von Warengruppen den erreichten Bruttoertrag heranziehen. Damit werden jedoch nur die jeweiligen Umsätze und die Wareneinstandskosten berücksichtigt. Die gesamten Handlungskosten werden hierbei außer acht gelassen.

Ein umfassenderes Bild der Ertragskraft einzelner Warengruppen wird durch den Ansatz variabler und fixer Handlungskosten entworfen. Hierzu ist eine ausgebaute Kosten- und Leistungsrechnung erforderlich, wie im nachfolgenden Abschnitt gezeigt wird.

Fragen:

32. Warum wird neben der Gewinn- und Verlustrechnung die Kurzfristige Ergebnisrechnung benötigt?
33. Wodurch unterscheiden sich die Begriffe „Bruttoertrag“ und „Rohertrag“?
34. Welches sind die Unterschiede zwischen Einstandswert- und Verkaufswertverfahren?
35. Welche organisatorischen Voraussetzungen müssen erfüllt sein, um Bruttoertragsrechnungen durchführen zu können?

III. Die KER als Periodenerfolgsrechnung

1. Vorbemerkungen

Zu Beginn des Kapitels E wurde die KER als Kostenträgerzeitrechnung bezeichnet. Sie stellt den Abschluß der periodenbezogenen Kostenrechnung dar, weil alle in der Abrechnungsperiode aufgetretenen Kosten ermittelt werden. Zur Feststellung des Periodenerfolges werden aber auch die Umsatzerlöse benötigt, so daß strenggenommen die Kostenträgerzeitrechnung nur eine Seite der KER ausmacht.

Die Unterschiede zwischen den verschiedenen Verfahren der Periodenerfolgsrechnung basieren im wesentlichen auf der verschiedenartigen rechnerischen Behandlung von industriellen Halb- und Fertigerzeugnissen. Im reinen Handelsbetrieb stellt sich diese Problematik nicht, weil keine Verarbeitungsleistung erbracht wird, die eine kalkulatorische Bewertung der Bestände an Halb- und Fertigerzeugnissen erforderlich macht. Da allerdings eine Reihe von Handelsbetrieben Verarbeitungsabteilungen angegliedert haben, und um die Unterschiede besser herausarbeiten zu können, sollen die einzelnen Verfahren am Beispiel eines Verarbeitungsbetriebes vorgestellt werden. Dabei wird das im Abschnitt C IV dargestellte Schema der industriellen Zuschlagskalkulation zugrundegelegt.

2. Das Gesamtkostenverfahren (GKV)

Das Gesamtkostenverfahren ist das älteste KER-Verfahren. Es entspricht vom Aufbau her der Gewinn- und Verlustrechnung und kann deshalb leicht aus ihr abgeleitet werden. Dazu ist es erforderlich, die Erträge und Aufwendungen gegenüber den Leistungen und Kosten abzugrenzen, mit anderen Worten betriebsfremde, periodenfremde und außerordentliche Erfolge zu eliminieren sowie Zusatzkosten zu berücksichtigen.

Das Betriebsergebnis als Periodenerfolg errechnet sich im GKV wie folgt:

Betriebsergebnis =		Umsatzerlöse
	±	Bestandsveränderungen der Halb- und Fertigerzeugnisse
	–	Gesamtkosten der Periode

Die Bestandsveränderungen ergeben sich als Differenz von produzierter und abgesetzter Menge. Sie werden zu Herstellkosten auf Vollkostenbasis bewertet, weil das GKV ein Verfahren der Vollkostenrechnung ist.

Beispiel:

Anfangsbestand eines Fertigproduktes:	200 Stück
Endbestand:	250 Stück
Produktionsmenge/Periode:	1 050 Stück
Absatzmenge/Periode:	1 000 Stück

Materialeinsatzkosten (MEK):	60 DM/Stück
+ Materialgemeinkosten (MGK):	10 DM/Stück
+ Fertigungskosten (FK):	30 DM/Stück
= Herstellkosten (HK):	100 DM/Stück
+ Verwaltungs- und Vertriebskosten (VVK):	15 DM/Stück
= Selbstkosten (SK):	115 DM/Stück
Absatzpreis:	120 DM/Stück

Daraus kann folgende KER entwickelt werden:

Umsatz (1 000 x 120 DM):	120 000 DM
+ Bestandserhöhung (50 x 100 DM):	5 000 DM
= Gesamtleistung:	125 000 DM
– Wareneinsatz (1 050 x 60 DM):	63 000 DM
= Rohertrag:	62 000 DM
– MGK (1 050 x 10 DM):	10 500 DM
– FK (1 050 x 30 DM):	31 500 DM
– VVK (1 050 x 15 DM):	15 750 DM
= Betriebsergebnis:	+ 4 250 DM

(Anmerkung: Die Kalkulationspositionen MGK, FK und VVK werden in der KER weiter nach Kostenarten aufgegliedert.)

Die Aktivierung der Bestandserhöhung dient der genauen Periodenabgrenzung im Verarbeitungsbetrieb. Die Gesamtkosten der Periode (63 000 DM + 10 500 DM + 31 500 DM + 15 750 DM = 120 250 DM) sind überhöht, weil in der Abrechnungsperiode 50 Stück mehr produziert als abgesetzt wurden. Die Bestandsveränderungen bewertet zu vollen Herstellkosten dienen deshalb zur Kompensation der zu hohen Gesamtkosten.

Bei einer Bestandsminderung (Produktionsmenge < Absatzmenge) ist es genau umgekehrt: Die Gesamtkosten der Periode sind im Vergleich zum Umsatz zu niedrig. Im Sinne einer richtigen Periodenabgrenzung werden die Umsatzerlöse um die bewertete Bestandsminderung gekürzt.

Die KER im GKV ist eine **Produktionsrechnung.** Die Kostenarten beziehen sich in ihrem Wertansatz auf die produzierte Menge. Eine Trennung der Kostenarten nach Produktgruppen oder nach anderen Leistungsbereichen erfolgt im GKV nicht. Das GKV zeigt nur das Betriebsergebnis insgesamt, jedoch nicht die Ergebnisse der Warengruppen. Es ist deshalb als Grundlage der Sortimentspolitik ungeeignet.

3. Das Umsatzkostenverfahren (UKV) auf Vollkostenbasis

Das UKV erfaßt in der KER im Gegensatz zum GKV nicht die Kosten der produzierten Produkte (Gesamtkosten), sondern die Kosten der umgesetzten Produkte (Umsatzkosten). Das UKV ist nach Kostenträgern gegliedert und kann deshalb – im Gegensatz zum GKV – Ergebnisse der Warengruppen ermitteln.

Das Betriebsergebnis als Periodenerfolg errechnet sich im UKV auf Vollkostenbasis wie folgt:

Betriebsergebnis	=	Umsatzerlöse
	–	volle Selbstkosten der umgesetzten Produkte (Umsatzkosten)

Die Bestandsveränderungen treten in dieser KER nicht mehr ausdrücklich in Erscheinung, sie sind aber im Betriebsergebnis enthalten. Beide Verfahren weisen deshalb einen gleich hohen Periodenerfolg aus:

Betriebsergebnis	=		120 000 DM Umsatzerlöse
		–	115 750 DM Umsatzkosten
	=	+	4 250 DM

Als nachteilig erweist sich, daß das UKV auf Vollkostenbasis – wie das GKV – die anteiligen Fixkosten in die Selbstkosten der Produkte einrechnet. Damit ist eine genaue Analyse der Produktgruppenerfolge nicht möglich. Kurzfristige Entscheidungen können fehlerhaft sein, weil auf kurze Sicht die Fixkosten außer Betracht bleiben müssen.

4. Das Umsatzkostenverfahren (UKV) auf Grenzkostenbasis

Da die KER als Dispositionsgrundlage für kurzfristige Entscheidungen dienen soll, sind in der Kostenrechnung variable und fixe Kosten zu trennen. Der monatliche Deckungsbeitrag als Differenz der Umsatzerlöse und der variablen Kosten der umgesetzten Produkte wird zum Erfolgsmaßstab jeder Warengruppe. Von der Gesamtheit der Deckungsbeiträge werden die Fixkosten der Periode einstufig oder mehrstufig abgezogen, um das Betriebsergebnis zu ermitteln:

Betriebsergebnis =		Umsatzerlöse
	–	variable Kosten der umgesetzten Produkte (Grenz-Umsatzkosten)
	=	Deckungsbeiträge der Warengruppen
	–	Fixkosten der Periode

Das UKV auf Grenzkostenbasis weist im Vergleich zum GKV und zum UKV auf Vollkostenbasis ein anderes Betriebsergebnis aus. Der Grund ist darin zu suchen, daß die Bestandsveränderungen der unfertigen und fertigen Erzeugnisse hier zu Grenz-Herstellkosten bewertet werden, d. h. fixe Herstellkosten werden in den Beständen nicht aktiviert. Dahinter steht der zutreffende Gedanke, daß Änderungen der Produktionsmenge je Abrechnungsperiode nur die variablen Herstellkosten beeinflussen, die Fixkosten jedoch in ihrer Höhe kurzfristig nicht verändert werden.

Drei Situationen sind zu unterscheiden:

(a) Es treten **keine Bestandsveränderungen** auf:
Das Betriebsergebnis der KER auf Vollkostenbasis (also GKV und UKV zu Vollkosten) entspricht dem Betriebsergebnis der KER auf Grenzkostenbasis.

(b) Es treten **Bestandserhöhungen** während der Abrechnungsperiode auf:
Betriebsergebnis/Vollkosten > Betriebsergebnis/Grenzkosten.

(c) Es treten **Bestandsminderungen** auf:
Betriebsergebnis/Vollkosten < Betriebsergebnis/Grenzkosten.

Als Differenz im Betriebsergebnis erweist sich die unterschiedliche Behandlung der fixen Herstellkosten.

Beispiel:

Das vorhergehende GKV-Zahlenbeispiel ist um folgende Angaben zu ergänzen:

MEK	(variabel):	60 DM/Stück
MGK	variabel:	4 DM/Stück
	fix:	6 DM/Stück
FK	variabel:	26 DM/Stück
	fix:	4 DM/Stück
HK	variabel:	90 DM/Stück
	fix:	10 DM/Stück
VVK	(fix):	15 DM/Stück

KER laut UKV auf Grenzkostenbasis:

	Umsatzerlöse (1000 x 120 DM):	120 000 DM
–	Wareneinsatz (1000 x 60 DM):	60 000 DM
=	Rohertrag:	60 000 DM
–	variable MGK/FK (1000 x 30 DM):	30 000 DM
=	Deckungsbeitrag:	30 000 DM
–	fixe MGK/FK (1050 x 10 DM):	10 500 DM
–	VVK (1050 x 15 DM):	15 750 DM
=	Betriebsergebnis:	+ 3 750 DM

Zu beachten ist, daß sich die Grenzkosten auf die umgesetzte Ware, also 1000 Stück beziehen. Bei den Fixkosten wird in allen Beispielen einheitlich davon ausgegangen, daß die Plankapazität 1050 Stück beträgt.

Die **Differenz in den Betriebsergebnissen** beläuft sich auf:

Betriebsergebnis/Vollkosten:	4 250 DM
Betriebsergebnis/Grenzkosten:	3 750 DM
	500 DM

Die **Ursache für die Ergebnisdifferenz:**

Die implizit im UKV berücksichtigten Bestandsveränderungen von 50 Stück wurden zu 90 DM/Stück (Grenz-Herstellkosten) bewertet. Es ergibt sich somit

50 Stück x 10 DM/Stück (fixe Herstellkosten) = 500 DM.

Besitzt der Handelsbetrieb eine ausgebaute Kosten- und Leistungsrechnung, sollte die KER als UKV auf Grenzkostenbasis erstellt werden. Sie weist alle bereits früher im Kapitel C genannten Vorteile der Deckungsbeitragsrechnung auf. Modifikationen im Sinne des mehrstufigen Direct costing bzw. der Einzelkostenrechnung sind möglich. Die KER kann nicht nur als Produktgruppen-Deckungsbeitragsrechnung, sondern auch als Filial-, Verkaufsgebiets- oder Kundengruppen-Deckungsbeitragsrechnung aufgebaut werden.

Frage:

36. Wodurch unterscheiden sich
    - Gesamtkostenverfahren,
    - Umsatzkostenverfahren auf Vollkostenbasis sowie
    - Umsatzkostenverfahren auf Grenzkostenbasis?

Antworten zu den Fragen

1. a) Kostenerfassung und -zuteilung auf Kostenträger als Grundlage der Kalkulation;
   b) Kostenkontrolle;
   c) Kurzfristige Ergebnisrechnung;
   d) Schaffung kostenrechnerischer Grundlagen für dispositive Entscheidungen.

2. a) Zeitlicher Kostenvergleich: Vergleich der Kosten einer Kostenstelle über mehrere Abrechnungperioden.
   b) Bereichsmäßiger Kostenvergleich: Vergleich der Kosten zwischen zwei oder mehr Kostenstellen während einer Abrechnungsperiode.
   c) Plan-Ist-Vergleich: Vergleich der entstandenen Kosten einer Kostenstelle mit den vorgegebenen Planwerten dieser Kostenstelle während einer Abrechnungsperiode.

3. a) Häufig vielfältiges Sortiment.
   b) Hoher Anteil der Bereitschaftskosten verursacht Kostenverbundenheit.
   c) Zusammengehörigkeit von Artikeln in Sortimentsgruppen verursacht Erlösverbundenheit.
   d) Eine kostenorientierte Kalkulation nach dem Verursachungsprinzip wird im Handel selten durchgeführt, weil eine marktorientierte Kalkulation nach dem Tragfähigkeits- und nach dem Durchschnittsprinzip oft unumgänglich ist.
   e) Die Marktorientierung bedingt eine geringe Steuerbarkeit des Betriebsprozesses. Nachfrageschwankungen führen unmittelbar zu Beschäftigungsschwankungen.
   f) Kostenreduzierende Maßnahmen bei der Leistungserstellung können sich negativ auf den Absatz der Leistungen auswirken.

4. Flächenbereinigte Leistungskennzahlen werden ermittelt, indem Angaben über zwischenzeitliche Betriebsänderungen aus den Gesamtangaben herausgenommen werden und nur die strukturbereinigten Werte verglichen werden (vgl. Zahlenbeispiel in Abschnitt A I 2).

5. Die Begriffe „Ertrag" und „Leistung" drücken beide den Zuwachs an Werten in einer Abrechnungsperiode aus (periodisierter Wertezuwachs). „Ertrag" bezieht sich auf den gesamten Wertezuwachs, „Leistung" nur auf den betriebsbedingten Wertezuwachs einer Periode (z. B. ohne Spekulationsgewinne an der Börse, ohne Mieteinnahmen aus Vermietung an Dritte).

6. Mit „Einkaufspreis" werden die reinen Warenkosten bezeichnet; der „Einstandspreis" umfaßt neben den Warenkosten auch die Verpackungskosten Dritter, die Bezugskosten aufgrund der Lieferungsbedingungen sowie die Finanzkosten und Preisabzüge bzw. -zuschläge auf Basis der Zahlungsbedingungen.

7. a) Nach der Zurechenbarkeit auf Kostenträger in Handlungs-Einzelkosten und Handlungs-Gemeinkosten.

b) Nach der Beschäftigungsabhängigkeit in variable und fixe Handlungskosten. Daneben fallen dispositionsabhängige Handlungskosten an.

8. a) Die Istkostenrechnung arbeitet mit tatsächlich angefallenen Kosten; die effektiv verbrauchten Mengen werden mit den effektiv gezahlten Preisen bewertet. Die Istkostenrechnung ist vergangenheitsorientiert.

b) Die Normalkostenrechnung errechnet aus den Istkosten vergangener Abrechnungsperioden Durchschnittswerte, wodurch Zufallsschwankungen ohne Einfluß auf die verrechneten Normalkosten bleiben. Die Normalkostenrechnung ist ebenfalls vergangenheitsorientiert.
Zur Kostenkontrolle werden verrechnete Normalkosten und Istkosten verglichen und Über- bzw. Unterdeckungen ermittelt.

c) Die Plankostenrechnung ermittelt alle Kostenansätze im Rahmen der Unternehmungsplanung, wobei die voraussichtlichen zukünftigen Entwicklungen systematisch untersucht werden. Die Plankostenrechnung ist zukunftsorientiert.
Kostenabweichungen werden nach Beschäftigungs- und Verbrauchsabweichungen getrennt.

9. Der Hauptunterschied zwischen Voll- und Teilkostenrechnung (Deckungsbeitragsrechnung) ist im Umfang der Kostenzurechnung auf die Kostenträger zu sehen: die Vollkostenrechnung verrechnet sämtliche Kosten, die Teilkostenrechnung verrechnet nur direkt zurechenbare Kosten auf die Kostenträger.

10.

	Umsatzerlöse Produkt A
./.	direkt zurechenbare Kosten Produkt A
=	Deckungsbeitrag Produkt A
	Summe der Deckungsbeiträge der Produkte
./.	nicht direkt zurechenbare Kosten
=	Betriebsergebnis

11. Die Kostenartenrechnung

- erfaßt sämtliche Kosten (sowohl verbrauchte Mengen als auch gezahlte Preise der Produktionsfaktoren),
- teilt die Kosten nach Kostenarten ein,
- gibt an, wie die Kostenbeträge je Kostenart weiter verrechnet werden auf Kostenstellen bzw. Kostenträger.

12. Im allgemeinen werden Einzel- und Gemeinkosten nach der Zurechenbarkeit auf die Kostenträger unterschieden: Trägereinzelkosten sind direkt zurechenbar, Trägergemeinkosten nicht direkt zurechenbar. Die Trägergemeinkosten werden über Kosten-

stellen verrechnet. Je nach ihrer Zurechenbarkeit auf einzelne Kostenstellen werden sie in Stelleneinzelkosten und Stellengemeinkosten untergliedert.
Bei Sonderlieferungen oder Großaufträgen fallen zusätzliche Kosten für Transport, Verpackung oder Provision an (Sondereinzelkosten).
Geringwertige Kostengüter werden aus Wirtschaftlichkeitsgründen häufig nicht als Einzelkosten erfaßt, sondern wie Gemeinkosten behandelt (unechte Gemeinkosten).

13. Die Warenbestände werden im Einzelhandel zu Verkaufswerten erfaßt. Um zu den tatsächlichen Warenkosten zu kommen, sind Abschläge in Höhe der Handelsspanne notwendig, deren zutreffende Höhe jedoch nur schwierig zu ermitteln ist. Es empfiehlt sich deshalb, eine Bewertung zu Verkaufs- und zu Einstandspreisen vorzunehmen (vgl. Kapitel E).

14. Betriebsnotwendiges Anlagevermögen
+ betriebsnotwendiges Umlaufvermögen

= betriebsnotwendiges Vermögen
./. Abzugskapital

= betriebsnotwendiges Kapital
x Kalkulationszinsfuß

= kalkulatorische Zinsen

Das abnutzbare Anlagevermögen kann entweder zu kalkulatorischen Restwerten oder zu Durchschnittswerten angesetzt werden. Eine Berücksichtigung der bilanziellen Restwerte ist betriebswirtschaftlich zu ungenau.

15. Die Kostenstellenrechnung
- verrechnet die (Träger-)Gemeinkosten auf die Orte der Kostenentstehung (Kostenstellen);
- überprüft die Wirtschaftlichkeit der Kostenstellen durch Kostenkontrollen;
- dient als Grundlage der Kostenverrechnung auf die Kostenträger in der Vollkostenrechnung.

Die Kostenstellen sollen so gebildet werden,
- daß die Kostenbelege reibungslos kontiert werden können,
- daß klar abgrenzbare Verantwortungsbereiche entstehen,
- daß für die Verrechnung auf die Kostenträger genaue Bezugsgrößen gefunden werden können.

16. a) Gliederung der Kosten nach Trägereinzel- und Trägergemeinkosten.
b) Verteilung der Einzelkosten direkt auf die Kostenträger; Verrechnung der Gemeinkosten direkt auf Kostenstellen (Stelleneinzelkosten) bzw. Schlüsselung auf Kostenstellen (Stellengemeinkosten).

c) Addition der Kosten je Kostenstelle (Summe der primären Kosten).

d) Umlage der Kosten der Hilfs-Kostenstellen auf die nachgelagerten Kostenstellen (sekundäre Kosten).

e) Addition der primären und sekundären Kosten je Haupt-Kostenstelle.

f) Bildung von Kalkulationssätzen für die einzelnen Haupt-Kostenstellen und Verrechnung der Gemeinkosten auf die Kostenträger.

g) Kalkulation bzw. Kurzfristige Ergebnisrechnung je Kostenträger.

17. Die Hilfs-Kostenstellen sind so anzuordnen, daß nachgelagerte Kostenstellen möglichst keine Leistungen an vorgelagerte Stellen abgeben.
Schrittweise werden die Kosten der Hilfs-Kostenstellen je nach Leistungsbeanspruchung auf die nachgelagerten Stellen verrechnet (vgl. Zahlenbeispiel Abschnitt BII 3c).

18. a) Die flexible Plankostenrechnung arbeitet mit zukunftsorientierten Werten, die für die Kostenstellenleiter Vorgabecharakter besitzen, während die Normalkostenrechnung vergangenheitsorientierte Werte verwendet. Über- bzw. Unterdeckungen der Normalkostenrechnung sind deshalb wenig aussagekräftig.

b) Die starre Plankostenrechnung ermittelt Plan-Ist-Abweichungen, die jedoch durch Über- oder Unterbeschäftigung der Kostenstelle verfälscht werden können.
Die flexible Plankostenrechnung ermittelt Sollkosten (Plankosten bei Istbeschäftigung) je Kostenstelle und trennt zwischen Beschäftigungs- und Verbrauchsabweichungen. Die Verbrauchsabweichungen (Soll-Ist-Abweichungen) sind wirksamer Maßstab zur Kostenkontrolle (vgl. die Abbildungen in Abschnitt B II 3 d).

19. Der hohe Anteil der Bereitschaftskosten im Handel mit seinen Verbundeffekten erschwert die verursachungsgerechte Zurechnung der Kosten auf einzelne Waren. Deshalb werden häufig ganze Warengruppen als Kostenträger gewählt. Daneben sind andere Bezugsobjekte, wie Absatzwege, Aufträge oder Kundengruppen als Kostenträger im Handel verwendbar.

20. a) Vorkalkulationen werden vor Beginn des Leistungsprozesses erstellt. Sie dienen zur Preisfestlegung für Aufträge oder zur Überprüfung gebundener bzw. empfohlener Preise.

b) Nachkalkulationen werden nach Abschluß des Leistungsprozesses erstellt. Sie dienen zur Kontrolle der vorkalkulierten Kosten, als Grundlage zur Kurzfristigen Ergebnisrechnung sowie zur Bewertung von Halb- und Fertigerzeugnissen.

21. Die Kostenstellenleiter werden auch mit Stellengemeinkosten belastet. Die Höhe dieser Belastung hängt wesentlich von den gewählten Schlüsselgrößen ab. Die Kostenverbundenheit im Handel macht die Zurechnung der Stellengemeinkosten besonders schwierig.

22. Die Proportionalisierung der Fixkosten wird kritisiert, weil zwischen Fixkosten und Leistung kein Ursache-Wirkungs-Verhältnis besteht. Für dispositive (kurzfristige) Entscheidungen sind nur die variablen Kosten relevant; die Einbeziehung der Fixkosten in dispositive Entscheidungsrechnungen kann zu Fehlentscheidungen führen.

23. Die Grenzplankostenrechnung verrechnet in der Kostenstellen- und Kostenträgerrechnung nur variable = proportionale = Grenzkosten. Dadurch entfällt bei der Kostenkontrolle die Beschäftigungsabweichung, die in der Vollkostenrechnung wegen der Berücksichtigung von Fixkosten entsteht. Beide Verfahren weisen jedoch die Verbrauchs-(Soll-Ist-)Abweichung aus.

24. – Deckungsbeitrag/Monat: Beurteilung einer Verkaufsabteilung/ eines Bereiches;
- Deckungsbeitrag/Stück: Beurteilung eines Artikels, sofern keine Engpässe bestehen;
- Deckungsbeitrag/Umsatz: Auftragssumme ist Engpaß (feststehender Einkaufsetat des Kunden);
- Deckungsbeitrag/Arbeitsstunde: Arbeitszeit des Personals bzw. von Fertigungsmaschinen sind Engpaß;
- Nettoergebnis: Beurteilung des Gesamtbetriebes (zur Beurteilung kurzfristiger Maßnahmen in Teilbereichen nicht geeignet).

25.

	Umsatzerlöse Filiale A
./.	proportionale Kosten Filiale A
=	Deckungsbeitrag I Filiale A
./.	Fixkosten Filiale A (direkt zurechenbar)
=	Deckungsbeitrag II Filiale A
+	Deckungsbeitrag II Filiale B
+	Deckungsbeitrag II Filiale C
=	Deckungsbeitrag II Bezirk 11
./.	Fixkosten (direkt zurechenbar) Bezirk 11
=	Deckungsbeitrag III Bezirk 11
+	Deckungsbeitrag III anderer Bezirke
=	Deckungsbeitrag III Verkaufsgebiet 1
./.	Fixkosten Verkaufsgebiet 1 (direkt zurechnenbar)
=	Deckungsbeitrag IV Verkaufsgebiet 1
+	Deckungsbeiträge IV anderer Verkaufsgebiete
=	Deckungsbeitrag IV gesamt
./.	Fixkosten der Zentrale
=	Betriebsergebnis

26. – Mengenabweichung = Sollwert des Sortiments ./. Planwert;
– strukturbereinigte Preisabweichung = Istwert ./. Sollwerte der Artikel;
– Sortimentsstrukturabweichung = Sollwerte der Artikel ./. Sollwert des Sortiments (vgl. auch Formeln in Abschnitt C II 3).

27. Wichtige Unterschiede:
– primäre Trennung zwischen Einzelkosten und Gemeinkosten (statt variable und fixe Kosten);
– Relativierung des Einzelkostenbegriffs je nach Bezugsobjekt (statt nur auf Produkte und ähnliche Kostenträger);
– Vielzahl möglicher Bezugsobjekte, z. B. auch die zeitliche Bindung der Kosten;
– stufenweise Deckungsbeiträge (statt nur eines Deckungsbeitrages);
– Berücksichtigung der Ausgabenwirksamkeit der Kosten.
– Ermittlung eines Perioden-Deckungsbeitrages (statt des Betriebsergebnisses als Nettoergebnis)

28. Gemeinsamer Aufschlagssatz für Handlungskosten und Gewinn kann verwendet werden, wenn beide Aufschläge auf den Wareneinstand bezogen werden.

29. – Die retrograde Absatzkalkulation ermittelt die maximal akzeptablen Einstandskosten.
– Die progressive Absatzkalkulation ermittelt die Untergrenze des Absatzpreises, die zur Abdeckung eines angestrebten Gewinns notwendig ist.
– Die Differenzkalkulation ermittelt, ob bei gegebenen Einstandskosten und Absatzpreisen mit der verbleibenden Spanne noch ein angestrebter Gewinn erreicht wird.

30. Während in der einfachen Zuschlagskalkulation global für das Gesamtsortiment ein einheitlicher Zuschlagssatz der Handlungs-Gemeinkosten verwendet wird, wird in der Abteilungskalkulation differenzierter kalkuliert, indem nach der Kostenverursachung den Abteilungen teilweise Stellen-Einzelkosten direkt zugerechnet werden.

31. Die Teilkostenkalkulation liefert Informationen über die kurzfristige Preisuntergrenze von Produkten, da lediglich die kurzfristig veränderbaren (variablen) Kosten zugerechnet werden. Die Schlüsselung von Fixkosten soll – im Gegensatz zur Vollkostenkalkulation – bewußt vermieden werden. Deshalb läßt sich eine langfristige Preisuntergrenze schwerlich ermitteln. Hilfsweise werden in der Teilkostenkalkulation Soll-Deckungsbeiträge angesetzt, die zur Abdeckung der nicht zurechenbaren Kosten und des angestrebten Gewinns dienen. Eine Differenzierung der Soll-Deckungsbeiträge nach Kostenstufen oder nach Artikeln kann die Entscheidungsunterlagen in ihrer Aussagefähigkeit verbessern. Die Soll-Deckungsbeiträge werden während der Jahresplanung für die Verantwortungsbereiche nach dem Tragfähigkeitsprinzip festgelegt.

32. – Die GuV-Rechnung wird im allgemeinen nicht monatlich erstellt. Der Handelsbetrieb benötigt aber kurzfristige Informationen über die Ertragslage.

– Aus der GuV-Rechnung ist nicht die Entwicklung des Betriebsergebnisses zu erkennen. Neutrale Erfolgsbestandteile bleiben in der KER unberücksichtigt.

– Die GuV-Rechnung ermittelt nicht die Teilergebnisse der einzelnen Warengruppen oder anderer Leistungsbereiche, deren Kenntnis für die Preis- und Sortimentspolitik erforderlich ist.

33. – Der Bruttoertrag wird im Einzelhandel als Differenz zwischen Umsatzerlösen (einschließlich Mehrwertsteuer) und dem Wareneinsatz (ohne Mehrwertsteuer) ermittelt.

– Der Rohertrag (die Handelsspanne) ist die Differenz zwischen Umsatzerlösen (ohne MWSt) und dem Wareneinstand (ohne MWSt).

– Der Bruttoertrag beinhaltet somit im Vergleich zum Rohertrag noch das Mehrwertsteuer-Inkasso.

34. – Das Einstandswertverfahren ist ein einfaches Schätzverfahren: Der Bruttoertrag wird auf Basis der Vorjahresspanne geschätzt.

– Das Verkaufswertverfahren ist differenzierter: Es berücksichtigt zusätzlich zum EWV die vorkalkulierte Spanne der Bestände und der Wareneingänge sowie die vorgenommenen Preisänderungen. Der errechnete Bruttoertrag des VWV ist im allgemeinen genauer als der Wert des EWV, obwohl auch im VWV Ungenauigkeiten auftreten können.

Im VWV sind einige Angaben sowohl zu Einstandswerten als auch zu Verkaufswerten zu machen; deshalb ist das VWV rechnerisch aufwendiger als das EWV.

35. Um Unterlagen für die Sortimentspolitik zu erhalten, muß ein Warengruppenplan erstellt werden. Alle notwendigen Angaben sind differenziert nach Warengruppen je Monat zu ermitteln:

– die Warenbestände,
– die Wareneingänge,
– die Umsätze und sonstigen Warenausgänge sowie
– die Preisänderungen.

36. a) Das GKV ermittelt im Gegensatz zum UKV keine Periodenerfolge je Warengruppe und ist deshalb als Hilfsinstrument der Sortimentspolitik nicht geeignet.

b) Das GKV ist eine Produktionsrechnung. Die ausgewiesenen Kostenarten werden wertmäßig auf die produzierten Mengen bezogen. Die Bestandsveränderungen werden als Korrekturposten zu den Gesamtkosten gesondert ausgewiesen.

Die Umsatzkostenverfahren sind – ihrem Namen nach – Umsatzrechnungen. Die ausgewiesenen Kosten beziehen sich auf die abgesetzten Mengen. Die Bestandsveränderungen werden implizit in der Rechnung berücksichtigt, jedoch nicht getrennt ausgewiesen.

c) GKV und UKV auf Vollkostenbasis bewerten die Bestände an fertigen und unfertigen Erzeugnissen zu vollen Herstellkosten, während das UKV auf Grenzkostenbasis als Teilkostenrechnung eine Bestandsbewertung zu Grenzkosten vornimmt. Dementsprechend unterscheiden sich die ausgewiesenen Betriebsergebnisse in Höhe der fixen Herstellkosten.

Literaturverzeichnis

Barth, Hartmund, Controlling – ein Instrument zur Gewinnsteuerung, Stuttgart/Zürich 1984.
Behrends, Christian, Preise im Wettbewerb. Ein Leitfaden für die Kalkulation im Lebensmittel-Einzelhandel, Köln 1975.
Däumler, Klaus-Dieter/Grabe, Jürgen, Kostenrechnung 1 (Grundlagen), Kostenrechnung 2 (Deckungsbeitragsrechnung), Kostenrechnung 3 (Plankostenrechnung), Herne/Berlin 1984/85.
Fontaine, Joachim, Kostenrechnung und Kalkulation im Großhandel, RGH-Untersuchung, Köln 1982.
Häberle, Helmut, Die Kalkulation im Einzelhandel als Instrument der Betriebsführung, in: Absatzwirtschaft, Hrsg. B. Hessenmüller/E. Schnaufer, Baden-Baden 1964, S. 629–659.
Haberstock, Lothar, Grundzüge der Kosten- und Erfolgsrechnung, 3. Aufl., München 1982.
Hahn, Dietger, Deckungsbeitragsrechnung in Großhandelsunternehmungen, in: Betriebswirtschaftliche Forschung und Praxis, 24. Jg. (1972), S. 1–25.
Hecker, Wulf, Kurzfristige Erfolgsrechnung im Handel, Stuttgart 1968.
Hummel, Siegfried/Männel, Wolfgang, Kostenrechnung 1 (Grundlagen, Aufbau und Anwendung), 4. Aufl., Wiesbaden 1986 und Kostenrechnung 2 (Moderne Verfahren und Systeme), 4. Aufl., Wiesbaden 1986.
Kilger, Wolfgang, Einführung in die Kostenrechnung, 3. Aufl., Wiesbaden 1987.
Kilger, Wolfgang/Scheer, A.-W. (Hrsg.), Plankosten- und Deckungsbeitragsrechnung in der Praxis, Würzburg/Wien 1980.
Kosiol, Erich, Warenkalkulation in Handel und Industrie, 2. Aufl., Stuttgart 1953.
Mellerowicz, Konrad, Neuzeitliche Kalkulationsverfahren, 6. Aufl., Freiburg i. B. 1977.
Möllers, Paul, Betriebsabrechnung im Handel, Frankfurt a. M. 1965.
Passardi, Adriano, Kostenrechnung und Kalkulation im gewerblichen Detailhandel, Diss. Zürich 1970.
Riebel, Paul, Einzelkosten- und Deckungsbeitragsrechnung, 4. Aufl., Wiesbaden 1982.
Röhrenbacher, Hans, Die Kosten- und Leistungsrechnung im Handelsbetrieb, Berlin 1985.
Schneider, Jochen, Die Kostenrechnung im Einzelhandel (dargestellt am Lebensmitteleinzelhandel), Freiburg i. B. 1968.
Schwarz, Rudolf, Anleitung für die kurzfristige Erfolgsrechnung im Einzelhandel, 2. Aufl., Köln 1979.
Tietz, Bruno, Die Grundprobleme der Kosten- und Leistungsrechnung im Handel, in: Spezialgebiete der Kostenrechnung, Hrsg. H. Jacob, Wiesbaden 1978, S. 3–98.
Vormbaum, Herbert, Kalkulationsarten und Kalkulationsverfahren, 4. Aufl., Stuttgart 1977.

1. Auflage 1979
2., überarbeitete und erweiterte Auflage 1985
3., überarbeitete Auflage 1987, überarbeitet 1989
Herausgeber: Prof. Dr. Günter Ebert, Dipl.-Vw. Dieter Klause, Prof. Dr. Eduard Mändle

Lektorat: Dipl.-Kfm. Bärbel Petry
Satz: SATZPUNKT Ursula Ewert, Braunschweig
Druck und Buchbinder: Lengericher Handelsdruckerei, Lengerich/Westf.

Printed in Germany

ISBN 3-409-03941-4